はざま

早朝、朝焼けを見た。どこまでものびる空の彼方の一角が赤く染まり、数分後、美しい光を、地上にいるどんな生物よりも先に見ることができた。空は薄いブルーで、眼下はヒマラヤ（？）の先端か。厚い雲間からのぞいています。朝日がものすごくまぶしく、窓側の人々は光がきつすぎるので、カバーをしてしまいました。
夜はほんの数時間寝ただけ…。でも、とてもすがすがしい朝です。幸せな感じがします。

永遠にこの光を留めておきたい！

言葉が足りない。きれいな光。
朝を、こんなに感じたのは初めてです。
機内に一番最初に差し込んできた光を
私は忘れたくない。
もうあと1～2時間で香港です。
日本まで、あとどれくらいで着くのかな？結構楽しみです。
朝食というか夜食のようなものがきます。量が多い。

1992.12.14　短大研修旅行のメモより
（ 暁子 18歳 ）

目　次

暁子、18歳のメモ

2004年	余命宣告の年	1p
	5月22日〜30日	1p
	6月、国立循環器病センター入院、退院、通院	6p
	発病時、医師の所見：中西先生、京谷先生、大頭先生	17p
2005年	1月、沖縄旅行	16p
	2月、南伊豆、河津の桜祭り	19p
	アクテリオン社"トラクリア"をネット検索	19p
	5月、トラクリア個人輸入、服用テスト	20p
	8月、慶応義塾大学病院、肺高血圧症専門外来受診開始	21p
	12月、北海道十勝旅行	22p
2006年	3月、房総行、亀田病院見学	26p
	4月、慶応でカテーテル検査のため入院	28p
	5月よりシルディナフィル服用開始	29p
	11月、山梨国立病院入院	31p
2007年	5月、高山旅行	34p
	8月、甲府の内藤泉先生に療養生活の管理を以来	35p
	9月、突発性難聴で山梨中央病院入院、プレドニン効果なし	36p
	10月、暁子、姫路へ戻る	42p
2008年	1月、書き初め："心眼力"	55p
	2月よりキャノン5Dで写真にはまる	62p
	胃腸弱り、食が細る	63p
	3月、南淡路へ行く	69p
	4月、中国語教室へ	74p
	5月、菓子博	76p
	漢方薬処方受ける	77p
	6月、頭痛ひんぱん	78p
	有馬、ホタル狩り	79p
	9月、山崎へ、アユ尽くし	85p
	月見だんご	85p
	10月、車椅子購入するも、使用を嫌がる	87p
	11月、飛鳥の船旅	90p
	12月、神戸ルミナリエ見物	93p
2009年	1月、新春落語の会	99p
	日記、筆を折る	101p
	3月、京都行	101p
	6月より水墨画教室へ	103p
	12月17日、出血ひどく、入院	106p
	12月22日、岡山大学病院ICUに救急搬送	108p
2010年	1月14日臨終	122p

２００４年

> 2004年　＊発症→宣告
> 　　　　＊仕事の引き継ぎ後、即入院
> 　　　　＊国立循環器病センター退院後、ドルナーの副作用に悩む。
> 　　　　＊親元での療養生活を嫌って、甲府へもどる。
> 　　　　　→2007年10月まで仕送り生活
> 　　　　＊年末、沖縄旅行

2004年５月、A子より突然の電話あり。日ごろ連絡もよこさない娘が、大頭先生のクリニックへ行きたいと言う。理由を聞くと、山梨中央病院の冨島先生が、心臓専門医の診断を仰いだ方が良いと勧められたからとの由。何で心臓？と聞くと、"最近、東京駅の階段を駆け上がって突然倒れたり、車で友達の家へ行って、車を降りたとたんバッタリ倒れこんだり、血を吐いたり等々、変なことが何度も起こるようになったので、山梨中央病院の内科にかかったところ、先生が心臓の異常を疑われた"とのこと。仕事を片づけて、金曜の夜帰るから、大頭先生に頼んでおいて、と言われて、土曜日の予約を入れる。この日は、姫路城前の大手前通りに初めて祭り屋台が入るため、大賑わいのはず。

翌22日、屋台の人垣をかき分けかき分け、やっとのことで駅前のダイトウ循環器クリニックへ着く。

（撮影：津田泰一）

2004
5.22（土）　　11:30 ダイトウ循環器クリニック受診
　　　　<u>原発性肺動脈性肺高血圧症との宣告</u>（注1）
　　　　　　大頭先生：心臓エコーで、肺動脈が左心室を圧迫し、変形させている
　　　　　　　　　　　模様分かる。すぐ循環器病センターへ入院するように。
　　　　　　A子見解：土日を利用して戻ったので、勤務先の会社へ、仕事の引継
　　　　　　　　　　　ぎに行かねばならない。よって、入院はその後で。
　　　　　　大頭先生：では、月曜に入院を予定するよう。
　　　　　　　　　　（循環器病センターの鍛谷先生に連絡しておくから。）
　　　　我々親子は、事の重大性がピンとこず、ただ茫然……。半信半疑！

注1：原発性肺高血圧症

原因不明の肺高血圧症で予後不良の疾患。頻度は約100万人に1人/年の発症で、全患者の25％が小児期（1歳から15歳）の患者と推定される。

自覚症状 ： 疲労倦怠、息切れ、失神、胸痛、呼吸困難、食欲不振など。

予　　後 ： 大人での平均生存期間は2.8年、3年生存率48％、5年生存率34％
近年は静注PG12を中心とした治療薬の進歩により改善、成人で
3年生存率75％と報告されている。

＜WHO報告によるNYHA分類に準じた肺高血圧症患者の機能分類＞

Class Ⅰ：肺高血圧症患者であるが、それによる身体活動の制限はない。通常の身体活動では、はなはだしい呼吸困難や疲労、胸痛や立ちくらみは生じない.

Class Ⅱ：肺高血圧症患者で、身体活動にわずかな制限がある。安静時には無症状である。通常の身体活動で、はなはだしい呼吸困難や疲労、胸痛や立ちくらみが生じる。

Class Ⅲ：肺高血圧症患者で、身体活動が著しく制限される。安静時には無症状である。通常以下の身体活動で、はなはだしい呼吸困難や疲労、胸痛や立ちくらみが生じる。

Class Ⅳ：肺高血圧症患者で、身体活動が著しく制限される。安静時には無症状である。通常以下の身体活動で、はなはだしい呼吸困難や疲労、胸痛や立ちくらみが生ずる。

Class Ⅴ：肺高血圧症患者で、症状なしでは、どのような身体活動も行い得ない。明らかな右心不全症状を呈し、安静時にも呼吸困難と疲労感の少なくとも一つが存在する。どのような活動でも不快感が増加する。

＜mymed.jp/di/dnk.htmlより　菱谷　隆 執筆＞

これだけの病名からは、如何なるイメージも湧いてこない。A子の身体に何が起こって、今後どうなっていくのか？　回復の見込みは、本当に限りなく零なのか？　親として、何を、如何してやればよいのか？
171センチ、60キロ以上の堂々たる女丈夫が、昨日までやってきた全ての活動を停止して、即、闘病生活に入らねばならないとは…。
これが先生の悪い冗談であってくれれば、と大頭先生の目の中を必死で覗き込んだものだ。しかし、残念ながら、先生は真顔。

5. 23 (日)　＜甲府行き＞

午前8時家を出発、車はA子が運転する。
午後1時過ぎ、甲府の宝石会社㈲栄泉へ到着し、病気について社長夫妻に説明する。午後2時ごろより、小澤社長夫妻および同僚の方2名と、事務引継ぎの作業開始、I子は事務所のすみで待つ。4:30p.m.ごろまでかかる。その後、A子のアパートへ向かい、途中、ホームセンターで入院のための買物をする。アパートにて最低限の身の回り品をまとめ、

6:30p.m.ごろ帰途につく。

A子はかなり疲れた様子なので、八ヶ岳SAより、I子がハンドルを握る。が、眠気で、白線をふみながら右に左にふらふら走る。午前0時ごろ自宅へ到着する。大急ぎ、A子を休ませる。明日は朝一番で姫路の循環器へ入院である。病人が今日一日フル回転するなんて！ 本当に、お疲れ様。可哀そうに。

5.24(月)　＜午前9時30分　姫路循環器病センターへ＞
11時30分、鍛谷副院長の診断：心肺移植あるいは、肺への24時間点滴を続けて、生き延びることを考える他ありません。

午後：処置室にて入院の準備
2時40分　425号室へ入院する。（4人部屋）
家族の病歴について、先生より質問あり。夜、横浜の兄、吉野昌年氏へ、A子父、故俊一郎の病名を問い合わせる。肺性心すなわち肺高血圧症との由。当時の俊一郎主治医、東大の右田先生を紹介され、大頭先生より右田先生へ問い合わせをしてもらう。午後10時　大頭先生、病室へお見舞いに来て下さる。

　＊吉野昌年氏から俊一郎氏の死因を明かされて、絶句！
　＊A子が4歳のとき離婚して以来、俊一郎氏とは2度会ったのみ。
　＊A子が中学生の頃、亡くなったと電話連絡が入った。原因不明とのこと。

姫路循環器病センター入院
　　左のわき腹が痛い　とてもつらく
　　今日は人生で一番さびしくつらかった。
　　母さんのさびしそうな顔。どうなるのだろう。
　　　　　　　　　　　　　　　　⇨A子の日記より引用

5.25(火) —会社（姫路プロカラー）、給料支払い日—
姫路循環器の熊谷先生よりワーファリン(注2)について、副作用共々説明あり。
千里の国立循環器病センターの中西先生へ紹介状をくださる。明日面談するよう予約したとのこと。時間：10:00a.m.。A子、夜、頭痛のため氷枕をする。矢部夫妻見舞いに来て下さる。

注2：ワーファリン
＊どんな薬か？
血液を固まりにくくする作用（血液凝固阻止作用）が強力で、いろいろな血栓症（けっせんしょう）の予防と治療に使います。効果が持続する時間は長いのですが（5〜6日）、服用してから効果が現れるまでにふつう12〜36時間かかります。肺塞栓症（はいそくせんしょう）・静脈塞栓症・心筋梗塞（しんきんこうそく）・脳血栓（のうけっせん）などの血栓塞栓症の予防と治療に用います。
＊副作用
①出血しやすくなったり、いちど出血をおこすと止まりにくくなる傾向があります。服用中は次の注意を守ってください。
　・けがをしないように注意してください。
　・ひげそりは肌を切らないように気をつけましょう。電気かみそりのほうが安全です。
　・乱暴に歯をみがいて歯肉から出血させるといったのことがないように注意してください。
②ときに過敏症状（じんましん・皮膚炎・発熱などのアレルギー症状）がおこることがあります。過敏症状がおこったときは服用を止め、すぐ医師に相談してください。
③下痢、吐き気・嘔吐（おうと）などが現れることがあります。このような症状が現れたら、医師に相談してください。
④脱毛、抗甲状腺（こうこうじょうせん）作用、肝機能障害、黄疸（おうだん）などがおこることがあるので、医師から指示された検査は必ず受けてください。
⑤万一、過剰に服用して以下の症状がみられたときは、医師の診察を受けてください。
　・歯をみがくたびに出血する、皮膚に傷ができやすい、青あざ（紫斑（しはん））ができてなかなか消えない、切り傷からの出血がなかなか止まらない、女性で不正出血がおこる、血尿や血便が出る、喀血（かっけつ）・吐血（とけつ）がおこる、胃・背中・関節が痛む、など。

<www.goo.ne.jp>

朝、母がきてくれた。昨晩大頭さんが見えたそうだ。
やはり国立循環器？　お父さんは肺性心　→　同じようなもの。父さんより発症が早く、同じくらいの「とし(42)」まで生きられたらなあ。

5.26(水)　午前8時、車で国立循環器病センターへ向かう。千里方面へは走ったことが無いので途中、環状線で迷いつつ、ようやく9時55分到着。初診及び入院手続きの後、10時半、中西先生に面談、原発性肺高血圧症の詳しい説明を受ける。国内の現時点での発病者約700〜800人中、家族性（遺伝）の事例はＡ子を入れて5例とのこと。頭の中、空白。

　　　母さんが朝から国立へ行った。やっぱり迷ったらしい。
　　　むこうで、とても誠実そうな先生から余命の宣告をうけたそうだ。
　　　薬を入れないと2年8カ月、点滴薬で余命が少し伸びると。
　　　肺だけの移植でも生存率はそんなに…
　　　母さんが泣いていた。

5.28(金)　甲府の山梨中央病院内科、冨島先生の受診日。電話連絡を忘れる。(055-253-7111)あわてて電話して、お詫びするとともに、入院の顛末を報告する。
　　　　本日、サンスタの中村社長に一件を連絡する。

5.29(土)　Ａ子、頭痛のため、昨夜眠れなかった由。
　　　　自宅近くの契約駐車場に一時駐車中のＡ子のシルビアを、葉室氏に頼んでネッツトヨタへ運んでもらう。入院中、当分預かってもらう予定。

5.30(日)　朝、姫路循環器からの帰り、東夢前台の森崎さんへ報告。ビックリ仰天の森崎夫妻、これから見舞いに行くとのこと。

5.31(月)　大頭先生に、山梨中央病院の冨島先生への連絡をお願いする。（冨島先生がＡ子の病気を最初に発見され,専門医の診察を勧奨された。）
　　　　夕方、転院のため、姫路循環器の病室の荷物を片づける。夕食に間に合うよう、Ａ子の好きな生ハムを買ってくる。食欲はなかなか旺盛である。
　　　　お世話になった鍛谷先生へ挨拶状を書く。
　　　　持っていく薬：　1．ラシックス　40mg　　　1*1
　　　　　　　　　　　2．アルダクトンA　25mg　1*1
　　　　　　　　　　　3．ドルナー　20mg　　　　3*3
　　　　　　　　　　　4．ワーファリン　1mg　　　2*1
　　　　　　　　　　　5．ガスターD　20mg　　　1*1

6.1(火)　午前7時10分　姫路循環器へ行く。
病室より階下の玄関へ荷物を下ろす。
国立循環器への手紙（医師及びナースへ各一通）をナースより受取って、A子を車に乗せる。途中、一緒に朝食をとって9時に播但道経由で吹田へ出発する。
10時10分、国立循環器病センター着。受付を済ませ、カートで荷物を西館7階740号室まで上げる。担当は関（ミン）先生及び平野看護師。看護師による問診の後、昼食をとる。
午後、関先生、二藤部（ニトウベ）先生による各種検査。途中、中西先生も来室される。夜担当看護師は田中さん。

　検査：肺・呼吸器
　　　　　レントゲン
　　　　　血液（ひじから採血）
この後、A子はかなり疲れた様子で2時間ほど眠る。

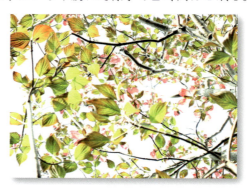

A子撮 "はなみずき"

 Blue Sky!! さわやかな晴れ
朝早く母が迎えに来た。途中アーバンヴィレッジでお茶。藤白台の循環器病センターへ移る。部屋は7階740号室、景色良い♡ 担当の先生は親分中西Dr、小親分二藤部Dr、そして、5月から東京より赴任してこられた関Dr、看護師の中川さんは飾磨の人で、おかんの知人の遠い親戚で、超ビックリ！ロアールのお菓子を見て、懐かしいとしきりに話をしていたとても明るい人。気分的にスーパーヘビー級に凹んでいた私には、ホッとできる人になりそう。正直あれこれ検査をしていく中、この病気の打開策があまりなさそうな現実に、自分でもびっくりした。元来お祭り系ムードメーカーの自分が弱弱な手紙（みよさんと社長にありがとうの手紙を書く

6　はざま

はずだったのに…)―どろどろな内容となってしまうほどの絶望感、喪失感、が、大津波映画、ディープインパクトさながら押し寄せてきて、さしもの私をペチャンコにしてくれた―そのどよ～んとした内容に、みよさんは1日中食事がのどを通らなかったとのこと。
悪いことしちゃったと反省することしきり。
自分らしく生きることへの出発の日、また焦燥感に駆られている自分を見た。
　　＊レントゲン　正面　側部
　　＊心臓　エコー
　　＊血液採取

6.2(水)　　午前、姫路循環器にてレントゲンフィルムを受け取り国循へ向かう。
正午到着。
午後1時半、横浜の吉野昌年氏見舞いに来訪される。
午後2時半、栄泉社長小澤氏、社員前島さんが見舞いに来訪。
京谷医長の回診あり。関先生他10数名の大名行列。
I子、午後4時半ごろ病院を出る。
＊入院以来ほぼ連日、甲府の五味和彦氏より、蒲田の自宅へA子宛手紙がくる。

　うす曇り
今日は横浜の伯父さんがきてくれて、宮尾登美子の平家物語4巻と雑誌をくれた。少し父の話を聞かせてくれた。とてもひどい症状で、たぶんカテーテル検査の途中でいってしまったとも。私の顔色が良くてよかったと盛んにうなずき、話している間目をうるませていた。伯父もだいぶ老けたなあ。もう76歳だそうだ。たかしは思った通り少しズレているらしい、彼もまた"こどく"な一人。
3時過ぎごろ社長と前ちゃんがわざわざ出張の途中寄ってくれた。みんな元気でやっているといつもの社長スマイルが温かった。前ちゃんもかんろくがついてきてとっても頼もしい感じだった。もう一度何かの形で役に立てたらと思うことしきりだった。
夕方、ゆりかちゃんに頭を洗ってもらってすっきりした。
やっぱり気持ちい―

6.3(木)   clear ☀

＊末梢血液エコー

朝少しだるく目覚めが悪かった。関先生が来てくれてもかなりぶあいそうな私だったような…。

今日は昼から、飛行機に乗り遅れたひろゆきが来てくれた。パバロッティのCDをちゃんともってきてくれて超Happy♡ さっそく聞いた。やっぱりサイコー。

あの声はなんで聞く者の心をつかむのかなあ。彼の声は人を包みこむ大きなシャボンのような…。本当にひろゆきには感謝！！ 生ハムのおいしい店、つれていってもらわなくては…。

末梢血流エコーをとってくれたのは知久先生、市立甲府病院に2年いたらしい、東京出身の大柄な先生。二藤部先生、山形出身34歳（45年うまれ）と仲良しなんだって。幸い足の方の血栓はなさそうなのでやっぱり原発性かなー。今日から院内歩きまわっても良くなった！！ お風呂も可♡ ワーファリンも飲まなくてよくなったし、超うれしい。

6時ころ関先生が来てくれて、7時半ころ二藤部先生が詳しくお話ししてくれた。

フローラン？は大変そう…。願わくは内服薬にてお願いしたいなあ。先生はXJRに乗ってるって、すごいなあ、私も大型とりたい♡

6.7(月)

郵便局の平岡氏に連絡して、A子の養老保険を解約する。現在高プラス入院120日分としてかなりまとまった額になる。A子が使うために掛けた保険、A子の役に立ってこそ意味がある。親が相続して何になる！保険も定期も全て解約、全部A子自身が使うべし！ A子の銀行口座へ入金。山梨の竜王町へA子の市県民税を振り込む。

＜夕方6時より、国循の京谷医長の面談あり。＞

A子の場合、今のところ症状が比較的軽い。（当面、命に別条ない、ということか？）よって重症用のフローラン点滴治療に入るのは、時期尚早である。現在使用中のドルナーの改良薬を開発中なので、この治験薬を使って2～3ヶ月様子を見る。水曜に一時退院し、後通院するように、とのこと。

治験薬の準備ができ次第、7月始めにでも再入院して投与。改良型は、頭痛を伴う現行品に比べて、効果が緩やかに持続する。2～3ヶ月の間これを続け、外来で診察の後、再検討する。よって自宅で療養生活に入

るべし。職場復帰は未定。

 ☀ ☁ あり

今日は窓の外が鮮やかで、とてもキレイ。昨日のシャワーで竹林、山々が青々としている。雲の形がそれはそれはダイナミックで、この部屋からの風景はさながら動画のような…。
昼まえ、心臓のエコーをとり、以前より少し数値は減ったと聞き、症状が安定してると少々安堵。午後から平家ストーリーNo.1に着手。夜にはNo.2を読み終えた。何でか今日は左胸に違和感がある。眠れないが、トイレに行き、水を少し飲み、ウトウトしたので、これならいけるとまどろんだ。
小山先生からお返事が!! 本当にびっくりしたが嬉しく、早速お返事した。
ごみちゃんからもお手紙がきた。本当に優しい人だなあ。

6.9(水)　朝7時半に家を出て、9時に病院へ着く。退院手続きをする。20万余の支払い。
中西医長、A子のデータについて、遺伝子検査をするための承諾書を持って来室。完全治癒は望めないが、現代においては、新薬の開発が速い旨を説示して下さる。(悪化を如何にして先延ばしするか…ということ??????)歯切れの悪い説明! 退院しても、万一の場合は、中西Doc.か京谷Doc.に連絡するように、とのこと。(当面、容態の急変はあり得ない!?)訳の分からない不安……。

　　　　　＊この時点でのI子の覚悟：A子の短い余命を、如何に、輝かせ、人間らしく快適に楽しく過ごさせてやれるか。病の不自由だけは、如何してやることもできない。が、生活上、経済的な不自由だけは、I子が断固取り除いてやる。
　　　　　＊今後の方針：全て、A子のやりたいようにすればよい。
　　　　　　I子はひたすら伴走するのみ。
　　　　　→2年？　3年？　5年？　6年？・・・・・・・のマラソン！

6.12（土）

今日はいくちゃんのWedding.
キレイだろうなあ、行きたかった。
昨日前にペンダントが届いた。とてもキレイにできていて、いくちゃんつけたらさぞキレイだろうなあ。
3時からモンゴルの紹介イベントに行く。母の中国語の先生の白さんが司会。素敵な舞踊、日本の民謡を想わせるような歌、馬頭琴の力強い音—馬が走っている情景を想わせる音で、すばらしいと思った。あいにくの台風で、パオは立てられず残念。ヨーグルトに米の揚げたものが入っていて、とてもおなかに留まった。

6.13（日）

朝からシソちぎりをお手伝い。みずの上がった梅漬けにシソを入れる。
シソを洗って塩もみをする。黒い汁がだんだんキレイな紫になったら、なんと、とーっても小さくなって、びっくりしちゃった！！
昼前にひろが来てくれた。母さんが東さんのお寿司とってくれた。ひろがほとんど食べてた。おいしかったと喜んでくれて、よかったー。おかあちゃんに感謝。

A子画 "ばら"

6.15（火）　午後4時、国立循環器の京谷外来へ。
現行のドルナーで経過が良ければ、強いて、新しい治験薬を試す必要はない。当分の間、二週間ほど観察してみるとのこと。→ 前回とは、かなり話が違ってきた。
20日分の薬をもらって、次回は6月29日（火）1時より。
A子　夜から16日朝方まで、左胸の下が痛いと訴え。
＊薬：ドルナー、メジコン、ラシックス、アルダクトン

今日は病院。時間に遅れて京谷先生に迷惑をかけた。次は早く行く。昼前に行って検査してから診察。試験は必要ないかも。
行く前に久しぶりで"美味しんぼ"でお好み焼きをおかんと食べた。おかんはもんじゃは初めてで、ギゴチなかった。素もんじゃの方がうまいなー。
病院の帰りにダダをこねて"喰太郎"行った。ラーメンおいしかった。チンジャオロースもおいしー。また来たい。おかんは招き猫だと上機嫌で自慢してる。

6.16〜18　毎日疲れて眠ってた。
　　　　　フープとも遊ばず。

6.19(土)　
台風前というのに五味ちゃんが来てくれた。おみやげまでもってきてくれた♡
しかし暑い。客間でDVDを見て笑った。久しぶりで受けた。魚の攻略法が分かって超うれしー。思わずムキになってしまう。ごみちゃんにいろいろ話をした。うんうん言って聞いてくれたけど、きっとおかんと似てるかんじ。私はちょっとしんどいかなー!!
ごみちゃん　ビジには泊らずに帰宅。朝5時着だったそうな。ありがとう！

フープ

6.20(日)　朝9時、堀トレーニングセンターへフープ(シェパード)のフードを買いに行く。堀さんより、"倫理"のテキストをいただく。帰宅後、20キロのフード2袋を車から倉庫まで運んで、A子、倉庫の入口でフーッと座り込む。やはり力仕事は無理……家に閉じこもりっ放しなので、ストレスがたまり鬱気味。

台風前で、いー天気♡
ホリさんとこへフープのごはんをとりに行った。
庭から倉庫へフードを運んだだけでふらふらした。
昼から、大頭先生、山田さんが来てくれて、ジャズ集&サザエさん!!
サザエさん1/3読んだ。やっぱスゴイねー。
闇市のこととか書いてあって、戦後のマンガなんだなーと改めて
思った。　＊＊＊脳がおかしい。

6.21(月)　 台風朝から通過!!
すごい風と雨。朝から薬をやめてる。頭痛がひどいから。
夕焼けがキレイ。ノウゼンカズラが咲いている。
何だかおかしい。
何のたのしみもなく…
私にとって楽しみだったのは友達と会うこと、人と話をすること、
車に乗ってドライブすること、バイクで風を切ること、知ってる店
で自分の時間をすごすこと、一人になること、おいしいものをた
べること、おいしいお酒を飲むこと。散歩すること…。

6.22(火)　 ピーカン☀
蒸し暑さ爆烈!!
朝からごはんを食べて新聞を読む。一人の時間がながかった
せいか、一人で食べてると気が楽。好きな人と食べてると楽しい
けど、今の私にはそんな楽しみもできない。
早く山梨へ戻りたい、自分と同年代の人たちと顔を見て語り合
いたい。
明日は海へ行こうかなー。遠浅の海を見たい……。おかんには
あたるつもりはないけど、無表情な自分になっているのが分か
る。こまるよねー。
今日、いくちゃんに手紙をかいた。早く届くといいなあ。
心が満たされない。せめて土手をブラブラできたなら。

6.24(木)　午前中、新蒲田橋まで歩いた由。疲れたろうに、御苦労さん。
それにつけても、事ある度に、昔の"恨みごと"をチラつかせる。ろくに構ってくれなかったママのせいで、小さい頃、私がどれほど寂しかったか云々……。

これって、一種のストレス発散かな。

"そうめんの里"へ昼ごはんを食べに行く。

A子、行きの車の中で、結婚話をあれこれ匂わせる。勝手にどうぞ、と言いたいところだが、これ以上寿命を縮めるのだけは、賛成できない。この病気、妊娠、出産はタブーなんだよね。たとえ短い余命でも、生きられる限り、生き延びなきゃ損。楽しい事、やりたい事を、体力のあるうちに、みーんな、やっておしまい！ 動けなくなったら何もできないよ。A子が楽しむためのバックアップなら、何でもしてあげるから。

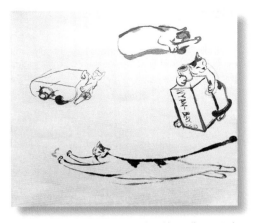

A子下絵　"にゃんとっくり"

6.28(月)　A子、朝から体調不良。昨日文学館へ行って、駐車場から長ーいスロープをとぼとぼ歩いたせいか。関節のあちこちが痛いと言う。

6.29(火)　国立循環器の京谷外来へ。12:40頃到着、すぐ検査にかかる。
1、血液　2、尿　3、心電図
1:40頃ようやく診察。(途中、急患とやらで看護師が指示を仰ぎに訪れ、中断する。)
ドルナーの新薬、7月には間に合わず、8月にずれ込むとか。今日、痛み止めにロキソニンを処方される。
旅行はだめ、車いすで出るのもダメ、家で大人しく療養しているように、とのこと。
患者のQOLをどう考えておられるのか、お医者様は…。身体が死ぬ以前に、心が逝ってしまいそう…。
＊薬：ドルナー、アルダクトン、ラシックス、ロキソニン、メジコン

7. 13 (火) 　国立循環器の京谷外来予約日であるが、キャンセルして、12:10p.m.
ダイトウクリニックへ行く。(大頭先生は心臓の専門医なのだから。)
1:30p.m.診察後面談。薬は今後1ヶ月分ずつ出ることになる。
頭痛が減っているのは、体がドルナーに慣れたからか。咳が出なくなったのは、血流が安定したからか。
以上大頭先生の見解。
A子はここ2ヶ月で退屈しきっている。無理もない。まだ若いのだし、余命を数える病とはいえ、目下のところ、まだ体力があるのだから、早く戦場へ復帰したいのだろう。

A子画 "すいれん"

＊薬：ドルナー、アルダクトン、ラシックス、各30日分

7. 18 (日) 　＜山田氏と有馬温泉へ出かける。＞
店から姫路駅への道中(普通に歩いて15分の距離)、ゆるゆる歩きつつ、本屋に寄っては立ち読みをし、駅の階段を、フーフー言いながらぼつぼつ登り切って、ホームへ。一息、二息、十息…。しばらくは、足が前へ出ない様子でたち立ちん棒。新快速で芦屋へ向かう。
芦屋から山田氏の車で有馬グランドホテルへ。午後1時半昼食をとり、部屋へ入る。
久しぶりの温泉にゆったり寛ぐ。但し、A子は疲れたのか、ゆっくり午睡。夕方の散歩に出る気もない模様。夕食は部屋にて会席料理を美味しく頂いた。食後、A子は一人で温泉へ行く。

7. 19 (月) 　午前中に有馬を発って芦屋へ着く。11時ごろの新快速で姫路へ帰る。A子かなり疲労の様子である。家で休養する。
夕方6時ごろ買い物をしたいと言うので、フォーラスへ出かける。店店を見て歩くのに、随分ヒマがかかる。(昔の私であれば、"早う早う"と、どれほど彼女を追い立てたことだろう…)裏山へ登ろうと言うと、山登りはイヤッとよく言っていた。今にして想うと、あれは、もしかして病の先ぶれだったのか？怠けていたのではなく、本当にしんどかったのだろう。分かってやれなかった。

7. 22 (木)　　珍しく、A子が夕食の支度に台所へ立つ。その後、足はガクガク、手は
　　　　　　しびれる、座って箸を持つと、ふるえる様子。やらせなければよかった
　　　　　　のに、と胸が痛い。

7. 23 (金)　　<2:45p.m.大頭先生に面談>
　　　　　　＊　原発性肺高血圧症の、発症後の余命は概ね2年ちょっと位である。
　　　　　　　　先生の患者では、これまでに4名の症例がある。
　　　　　　＊　甲府へ戻って、仕事に復帰するのは無理である。
　　　　　　＊　一人暮らしは無理である。24時間の家政婦つきで、車は運転手つき
　　　　　　　　でなければ。
　　　　　　＊　緊急 (心不全とか) の場合は姫路へ帰らなければならなくなる。
　　　　　　＊　肺高血圧は、体の低血圧とは無関係なので、血圧を上げるためのサ
　　　　　　　　プリはOK.(例えばローヤルゼリーとか)

7. 30 (金)　　<4:30p.m.ダイトウクリニック受診>
　　　　　　心エコーは月曜とのことで、来週再度来なければならない。
　　　　　　6時よりアリガにて会社のお別れ夕食会。(菅野、小材、柏木、A子、
　　　　　　吉野)
　　　　　　A子がカラオケで歌った"涙そうそう"は心の奥底まで響いた。I子は
　　　　　　目を泣き腫らし…。

7. 31 (土)　　夕方6時よりOS劇場へ"スパイダーマン2"を見に行く。
　　　　　　2時間程、ガラガラの映画館で、母子二人、他愛もないストーリーに、
　　　　　　全てを忘れる。
　　　　　　若いカップルがチラホラ。A子も、残された時間を、目いっぱい、楽し
　　　　　　く、楽しく過ごせ！

8. 11～12　　甲府へ。どうしても甲府で暮らしたいと言うので、富士屋ホテルに泊ま
　　　　　　り、甲府復帰の準備をする。

8. 13～15　　六甲山ホテルへ避暑に出かける。神戸の海と山を満喫。

8. 28 (土)　　A子を甲府へ送る。7:00a.m.出発　2:30p.m.甲府着。

はざま　15

A子のアパートには泊らず、二人で春日井ホテルに宿泊する。どちらも、無言。

8. 29 (日)　I子、電車で姫路へ戻る。5:45a.m. 甲府発で11:35a.m. 姫路着。
本人の意思とは言いながら、直ぐには手の届かない土地で暮らす病人を、どう守ってやればよいのやら…無策。胸が痛い。

10. 14 (水)　かねてより、I子が介護中の、A子の大叔父西井輝男が自宅で亡くなる。（A子を孫のように可愛がってくれた。） A子、7:30p.m.甲府より帰宅する。
通夜、告別式を終えて、17日甲府へ発つ。

10. 23 (土)　I子、11:58a.m.発で、ストーブ、冬布団の手配のため甲府へ向かう。

11. 20 (土)　A子　西井の35日法要のため帰姫。18:14着

11. 22 (月)　A子　11:58a.m.発で甲府へ戻る。

12.28～2005.1.5　沖縄旅行
　　　　12.28　5:30リムジンで関空へ。
　　　　12.28～30　小浜島ヤマハリゾート泊　3日間のどかに過ごす。
　　　　12.31　那覇ハーバービューホテル泊　窓から見えるきたない海にビックリ。
　　　　1.1　牧志市場で、たつ子一家と夕食。南の海の魚と貝をたらふく食べてご機嫌。
　　　　1.2～4　名護ブセナテラス泊　白一色の部屋（全て備品も）からコバルトの海を満喫する。また訪れたい思い。

＜ 発病時　医師の所見 ＞

5.26(水)　　**吹田 国立循環器病センター 中西doc.にＩ子面談**

＊放置した場合、余命は２年位

＊心臓静脈からの点滴注入が有効であり、経口薬は効果が少ない。

＊遺伝性：国循で５家系あり。

＊２か月位入院して、点滴、退院後自分で注入する。

＊カテーテルの途中死に至る場合もある。

6.7(月)　　**国立循環器病センター 京谷医長にＩ子面談**

＊A子の場合、病気の難度は比較的軽い。

＊治療のため、高度の手段を取るには早すぎる。

＊現段階では、治験薬で様子をみる方法が妥当。

＊国循退院の後、７月始めから治験薬ドルナー(注3)を投与

　（現行のドルナーを改良して効果がゆるやかに持続するようにしたもの）

＊２〜３ヶ月投与して、外来を続けた後、再検討する。

7.23(金)　　**ダイトウ循環器クリニック 大頭doc.にＩ子面談**

1　余命　２、３年か

2　QOLを高めるためは、仕事に復帰させるほうがよい？

3　仮に復帰するとして、どの程度のfollowが必要か。

4　万が一の場合、甲府で対応出来るかどうか。

5　末梢神経のしびれ、痙攣は、血圧が低いせいか。ローヤルゼリーは
　　OK.

6　肺高血圧と身体の低血圧とは全く無関係。

注3：ドルナー
血管の内側の細胞を保護し、血液の流れをよくする作用があり、慢性動脈閉塞症に
よる潰瘍、痛み、冷感、原発性肺高血圧症の治療に使用されます。ケアロードLA,
ベラサスLAは、プロスタサイクリン誘導体の徐放性製剤で、抗血小板作用、血管拡
張及び平滑筋細胞増殖などの作用があり、肺動脈性肺高血圧症の治療に用います。

　　＊副作用：1．ときに発疹・・・・・
　　　　　　　2．ときに頭痛、吐き気、下痢、胃障害、腹痛、食欲不振、顔面紅潮、
　　　　　　　　ほてり、のぼせ、動悸、肝機能障害、間質性肺炎、胸痛、めまい、
　　　　　　　　ねむけ、振戦、関節痛、脱力感、じんましんなど。……
　　　　　　　　＜dictionary.goo.ne.jp/leaf/kusuri/3574/m0u/より＞

はざま　17

2005年

> 2005年　＊ドルナーの副作用があまりにもキツイ(頭痛)ため、何かないかとインターネットで調査、検索した結果、スイス、アクテリオン社の"トラクリア"発見!! すぐ電話して、日本アクテリオン社の松村氏に資料をFaxしてもらう。30ページに及ぶ英文資料を、辞書を引き引き何とか解読、これは良さそうと直感、大頭先生に相談し、個人輸入手続きを依頼する。A子を姫路に帰らせて、服用テストをした上で、継続的に使用することとなる。
> ＊2004.8.28に甲府へ戻って以来、親からの仕送りで気ままなくらしを続けている。
> ＊階段の上り下りがしんどいと訴えるため、エレベーター付き住宅を検討する。
> ＊慶応義塾大学病院　肺高血圧症外来の佐藤先生にかかりはじめる。

2005

2.12(土)　　I子　7:58a.m.発　のぞみで甲府へ向かう。
　　　　　　A子の車で南伊豆へ行き、下田に泊る。河津のさくら満開。桜祭り中。

2.13(日)　　戸田にて、タカアシガニを賞味！　大きすぎ、でも二人でむしゃぶりつく。なりふり構わず、美味しく食べる。台風で大きく崩れた伊豆の西海岸を走り抜け、A子に小田原駅まで送ってもらい、16:28p.m.のこだまで、一人帰る。

3.4(金)　　6:21a.m.のぞみにて甲府行。A子、山梨中央病院の冨島先生受診のため。

3.6(日)　　10:00a.m.東京発　のぞみで姫路へ戻る。

4.2～3 I子、甲府行（住宅探しのため）。A子と不動産屋を歩く。

4.23～24 I子、甲府行。2年契約で2005.5/1～2007.4/30までエレベーター付きマンションを契約する。甲斐市の秋山ハイツ2F（階段が辛い）から石和の開花ハピネス1005号へ引っ越し。
甲府での療養生活のため、近隣の原発性肺高血圧症専門外来探し。群馬、千葉、東京のうち、交通の便を考慮して東京の慶応義塾大学病院を選ぶ。佐藤先生連絡。

5.9（月） A子姫路へ戻る。トラクリア（注4）服用テストのため、当分滞在。
（発病より1年経過）

5.16（月） トラクリア　スタート！　当分は2週間分ずつ購入する。

注4：トラクリア®
アクテリオン初の製品、トラクリア®錠（一般名:ボセンタン水和物）は、エンドセリンの2つの受容体ETAとETBの両者を阻害するエンドセリン受容体拮抗薬（ERA）であり、慢性で致死的な疾病である肺動脈性肺高血圧症（PAH）に対する経口治療薬です。PAHは肺動脈における異常な血圧上昇を特徴としており、トラクリア®錠は、血管の内側を覆う単層の内皮細胞から分泌されるエンドセリンの働きを阻害することにより治療効果を発現します。
PAHは、基礎疾患となりうる心肺疾患がなく原因不明の原発性肺高血圧症（PPH）、及び特定の疾患に関連して起こる肺高血圧症に分類されます。PPHは、日本では1975年度より厚生省特定疾患に指定され、特定疾患医療受給者証交付件数は2008年度で1,140名となっています。PAHの最も代表的な症状は呼吸困難（息切れ）ですが、この症状自体は他の様々な病気でも見られることから、PAHが見過ごされてしまうことがしばしばあります。実際、正確な診断がつくまでに平均2～3年かかるとも言われ、早期に診断されていたら生存できたであろう貴重な数年を無駄にしてしまうこともあります。
PAHの重篤性と患者の多大な負担を考えると、医師にとってPAHと診断することはつらいことでした。これまで世界中で使われている代表的な治療薬としては、胸のあたりの静脈から挿入し、心臓近くに留置したカテーテルを介して投与する薬剤でした。トラクリア®錠の登場により、医師は、症状を緩和し、病気の進行を遅らせることが以前に比べて容易になりました。
アクテリオンでは、現在、米国、EU諸国、カナダ、イスラエル、オーストラリア、スイスを含む全世界の主要な地域で独自にトラクリア®錠を販売しています。

www1.actelion.co.jp

6.4〜5　　　京都行。京都グランビアに泊って、伊勢丹で買い物、夕食は桂小五郎ゆかりの"幾松"にて川床料理。雨のため屋内で食べる。

幾松

6.22(日)　　ゆかた祭りの夜の街へブラブラ。ニコニコ写真館の津田先生にA子のゆかた姿を撮ってもらう。

8.5(金)　　A子を送って、車で甲府へ走る。9:30a.m.発、16:00p.m.甲府着。

8.6(土)　　慶應義塾大学病院　佐藤徹内科　12:00予約。8:12a.m.の"かいじ"で9:54a.m.新宿着。　先生に頼んで、ついでに眼科の予約をする。2:00p.m.より眼科診察。

9.23(金)　　I子、甲府行。計器を買って、毎日、脈拍、血圧、酸素濃度を測ることにする。　＜61(脈拍)　94/62(血圧)　95(酸素濃度)＞

9.24(土)　　A子　慶応病院行き。電車内の空気が悪くて厭だと、8:40a.m.発。車で11時ごろ東京着、ニューオータニへ駐車、チェックイン。12時、タクシーで病院へ向かう。診察後、昼食してホテルへ戻る。

9.25(日)　　東京からの帰りに白馬の民宿・佐藤さん宅へ寄り、懐かしいおじさん、おばさんを訪ねる。

10.8(土)　　I子、午後、トラクリア2週間分持って甲府へ。9:00p.m.着

10. 9 (日)　　ファンヒーター、カーペットetc.寒さ対策の買い物に歩く。

11. 18 (金)　　慶應病院行きのため、ニューオータニ泊。＜65　104/68　95＞

11. 19 (土)　　あさ7時、予約票取りに、I子病院へ。正午、診察のため二人で病院へ。
　　　　　　　レントゲン、血液採取(3本)等検査の後、1時半より3分間診察。
　　　　　　　＊A子は3本の採血ののち、毎回、貧血状態でふらつき、甘いジュース
　　　　　　　を飲みながら、廊下の椅子で静養。3本は多すぎるのでは、と医師に訴
　　　　　　　えるも、検査に必要だと、取り合ってもらえない。

12. 27 (火)　　I子、1:00p.m.発で甲府へ．北海道旅行のため。

12. 28 (水)　　2:00p.m.車で大森へ向かう。ホテルに駐車の上、一泊して羽田より十勝
　　　　　　　へ飛ぶ。

12. 29 (木)　　十勝 "三余庵" 泊。

12. 30 (金)　　十勝 "三余庵" 泊。

12. 31 (土)　　阿寒 "鶴雅" 泊。

2005年

年月日	脈拍	血圧 下	血圧 上	酸素濃度
9.23	61	62	94	95
10.8	70	63	99	95
11.18	65	66	104	95
12.27	61	75	106	95

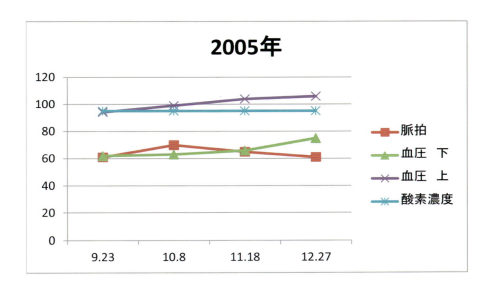

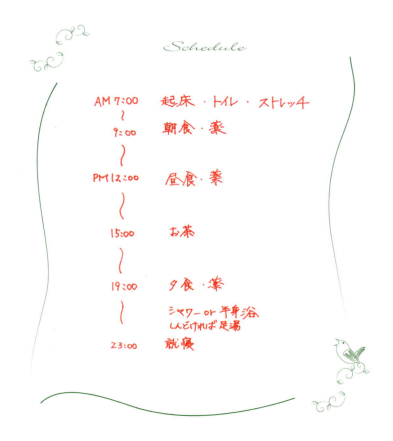

２００６年

```
2006年  ＊慶応病院にてカテーテル検査
        ＊シルディナフィル服用開始
        ＊山梨国立病院　内科 入院
        ＊ 年初より、体温調節機能不全
```

2006

1.2(月)　　阿寒町鶴センターから鶴居町のホテルTAITO着。

1.3(火)　　6:30a.m.TAITOオーナー和田さんのワゴンで 音羽橋へ。
　　　　　 8:30a.m.ネイチャーガイド若狭さんの車で、エゾフクロウを見に。
　　　　　 p.m.タクシーで 伊藤サンクチュアリーからツルセンターへ。

1.4(水)　　音羽橋〜ツルセンター〜サンクチュアリー〜キクチ牧場

1.5(木)　　音羽橋のねぐら観察。
　　　　　 午後、タクシーで釧路へ向かい、サケ番屋で昼食後、 3:10p.m.発の
　　　　　 飛行機で帰途に就く。羽田から大森へ向かい、一泊。

1.6(金)　　朝、車で甲府へ戻る。

1.8(日)　　I子、姫路へ帰る。

1.13(金)　　明日の診察のため、甲府より車で東京行。　ニューオータニ泊。

1.14(土)　　慶応病院行き。I子、7:00a.m. 整理券取りに四谷から市ヶ谷へ中央線で
　　　　　 行く。(予約があっても、整理券は必要。この時間で、既に50〜60人発
　　　　　 券機の前に並んでいる。)
　　　　　 12:00　病院へ行き、採血3本!! → A子、いつも通りフラフラ！
　　　　　 1:00過ぎ診察（3分間）

1. 25（水）　　大頭先生に面談、トラクリアを受け取りA子へ送る。

2. 10（金）　　午後の電車で石和行き。駅よりマンションまでタクシー。

2. 12（日）　　午後、姫路へ戻る。

2. 22　　　　　トラクリア受け取り、A子に送り。

3. 8　　　　　トラクリア受け取り。

3. 10（金）　　診察のため車で東京行き。ニューオータニ泊。

3. 11（土）　　午後、慶応病院受診。　　BNP（注5）値740　心電図不良。

注5：BNP
脳性ナトリウム利尿ペプチド（のうせいナトリウムりにょうペプチド, 英 brain natriuretic peptide; BNP）は心臓から分泌されるホルモンである。主として心室で合成される。
作用[編集]　BNPそのものに利尿作用があり、心不全治療薬としての可能性があり、現在研究が進められている。
診断[編集]　血中のBNPは心不全の状況をすみやかに反映すると考えられている。心エコーで評価の難しい拡張障害を伴う心不全でも、しばしば異常値を呈する。健常者のBNPの基準値は20pg/mL以下とされている。心疾患の有無や早期心不全のスクリーニングには50pg/mL[1]や100pg/mLが妥当とする意見もある。[2] また22pg/mLをcut off とすれば、心不全の診断において感度 97%、特異度 84%であるというデータもある[3]。 BNP値は100pg/mLを境に、その後の経過観察中の心血管イベント発生率に大きな差が見られたという報告もある。[4]
＜ウイキペディア＞

午後、千葉のアラビアンアートホテルへ向かう。房総は暖かい。

3. 12（日）　　アラビアンアートホテルを出て、千葉の亀田病院を見学する。"いいね！"展望食堂で昼食。海を見下ろす絶好のロケーション。ここなら入院してもいい、とA子。

3. 13（月）　　I子、姫路へ戻る。

3. 22　　　　　トラクリア受け取り。

3.25(土)　A子、32歳の誕生日。発病より2年、どうにか過ぎた。生きている。

4.7(金)　東京行。ニューオータニ泊。

"四谷の桜"

4.8(土)　1:00p.m.慶応受診。来週、カテーテル検査の予定入る。何故、今頃になってやらなければならないのか？不明

4.9(日)　甲府にて花見。I子、一番良い時期に来合わせて、幸い。

4.11(火)　"一竹辻が花"見学。石和はちょうどモモの花満開、山すそがピンクに染まる。

久保田一竹作品集より

"石和の桜"

"石和の桃"

はざま　27

4. 12 (水)　　午後東京へ。A子検査入院のため。I子ニューオータニ泊。

4. 13 (木)　　10:00a.m. A子,慶応病院入院。検査担当：片山、五十畑先生。
　　　　　　午後より検査の前準備。

＜ カテーテル検査について佐藤先生の説明＞

＊　通常、肺血圧は10〜20のところ、患者は80以上ある。

＊　A子の肺血管の硬化要因は、1. 特発性　2. 膠原病　3. 先天性心疾患　4. 肝臓から　5. AIDS　6. 薬の濫用による　7. その他　以上7つのうち、1と3が考えられる。

＊　BNP値とは、右心房負荷の度合いをいい、肺高血圧症の症状とは無関係である。

＊　検査は点滴を入れながら、細い管を右心に入れて、酸素量をはかる。慶応では、これまで100例の実績があり、事故の危険性は少ない。強いて言えば、危険率は、1000分の1である。

4. 14 (金)　　10:00a.m.カテーテル検査開始。
　　　　　　1:30p.m.佐藤先生面談。重篤との所見に、I子狼狽。フローラン24時間点滴を勧奨される。

＜検査後の佐藤先生見解＞

1. 肺動脈圧は、43〜89　　　平均は　10〜20
　　血管抵抗　17単位　　　平常値　＜2
2. 右心房圧　13　　　　　　　　　　5

　　　　　　→右心不全といえる。

対策　A　フローラン　　　　　問題点　24時間カテーテル留置への抵抗
　　　　　　　　　　　　　　　　　　出口のかぶれ、細菌感染
　　　　　　　　　　　　　　　　　　個人差が大きい

　　　B　シルデイナフィル　かなり有効　　肺動脈圧を下げる
　　　　　　　　　　　　　　　　　　　　右心房圧を下げる
　　　　　　　　　　　　　　問題点　副作用として、失明、難聴

　　　C　肺移植

これらのうち、現段階では、シルデイナフィルで右心房圧を下げると、
1〜2週間で肺動脈に効いてくる。
半年投与して、効果を見たうえ、悪化の場合はフローランに切り替える。

4.15(土)　9:00a.m.退院手続きの後、甲府へ帰る。

4.16(日)　I子、午前に姫路へ戻る。　＜63　101/68　96＞

＊このところ、体温調節機能が働かず、どこへ行っても、熱い、寒いの文句が多い。

5.〜　トラクリアに加えて、血流促進のため、佐藤先生の指示で
シルデイナフィル（バイアグラ）服用始める。

5.5(金)　東京行き。ニューオータニ泊　＜69　87/58　94＞

5.6(土)　1:00p.m.慶応病院、佐藤外来へ。

5.16　トラクリア、シルデイナフィル受け取り、送り

5.22　利尿剤送り

5.30　トラクリア、シルデイナフィル受け取り　＜54　93/60　96＞

6.2(金)　I子、午前に甲府へ。マンションから車で東京へ行き、ニューオータニ泊。

6.3(土)　慶応病院、佐藤外来へ。

6.13　ダイトウにて、トラクリア、シルデイナフィル受け取り、送り。

6.15　A子にローヤルゼリー送り。　＜53　84/52　97＞

6.27　トラクリア、シルデイナフィル受け取り

はざま　29

6.30(金)　　I子、甲府行、午後二人で東京へ。6:00p.m. I子、A子、小島さんと"ゆめざくら"にて夕食。　＜62　82/51　94＞

7.1(土)　　1:00p.m.　慶応病院、佐藤外来へ

7.3　　I子、午前9:00発　あずさで白馬行き。飯盛の白馬メディア205号に、佐藤さんのおばさんが入院中。手をさすっても、誰が来ているか分からない。"おばさん、おばさん、"と何度も呼びかける。おばさん、お世話になりました。（もう会えないかも…。）

7.11　　トラクリア、シルデイナフィル受け取り、送り。

7.29(土)　　甲府行、東京より、白さん合流。

7.30　　姫路へ戻る。

8.10　　トラクリア、シルデイナフィル受け取り、送り。　＜50　82/51　95＞

8.25　　甲府から東京行き。ニューオータニ泊。

8.26　　慶応、佐藤外来へ。　＜50　86/55　98＞　BNP:426

9.11　　トラクリア、シルデイナフィル受け取り、送り。

9.22(金)　　6:20a.m.発石和行き、12:40p.m.着　タクシーでマンションへ。
　　　　　A子、還暦祝いをしてくれる。クワズイモの鉢とバースデイケーキで。
　　　　　夜、A子頭から汗をかいて、もどし、'血管が切れそう！'と叫ぶ。

　　　　　＜57　96/61　97＞

9.23　　　　　1日中、もどし、下痢。

9.24　　　　　11:30a.m.発で姫路へ。

9.30(土)　　　― 姫路プロカラー㈱　解散　完了 ―　お父さん、ごめんなさい。

10.11　　　　トラクリア、シルデイナフィル受け取り

10.13(金)　　I子甲府へ。東京行き、ニューオータニ泊。地下のアーケードでA子、友人の結婚式出席のため、ドレス、靴購入。

10.14(土)　　慶應、佐藤外来へ　BNP:400

11.10　　　　トラクリア、シルデイナフィル受け取り、送り。

11.20(月)　　夜、A子　山梨国立病院へ入院。

11.21(火)　　I子、甲府へ急行。5:10p.m.着

11.22(水)　　A子　退院　＜65　88/48　97＞

12.8(金)　　I子　甲府行。A子、体調不良のため、車を運転できず、タクシーで東京へ行く。ニューオータニ泊。　＜50　103/63　98＞

12.9(土)　　慶応、佐藤外来へ。　BNP値227　帰り大雨、タクシー、渋滞のため、河口湖経由で石和へ走る。途中、コンビニ毎にA子トイレ休憩(利尿剤のせいか…)。車を降りる度、A子びしょ濡れになる。I子、車中、痙攣するA子をずっと抱きしめて…夜中過ぎ、やっとマンション着。

A子水彩画 "還暦おめでとう"

2006年

年月日	脈拍	血圧 下	血圧 上	酸素濃度	体温	BNP
4月15日	63	68	101	96		
5月5日	69	58	87	94		
5月30日	54	60	93	96		
6月15日	53	52	84	97		
6月30日	62	51	82	97		
8月10日	50	51	82	95		
8月26日	50	55	86	98		426
9月22日	57	61	96	97		
11月22日	65	48	88	97		
12月9日	50	63	103	98		227

> 2007年　＊大好きだった車の運転、苦痛になる。
> 　　　　＊シルディナフィルの副作用(?)で、突発性難聴。
> 　　　　　山梨中央病院耳鼻科に入院する。
> 　　　　＊一人暮らし(家政婦さん付きでも)が難しくなり、姫路へ
> 　　　　　帰る。
> 　　　　＊A子受け入れのため、家の改造工事。

2007

1. 7 (日)　　6:00a.m.のぞみで甲府へ、日帰り。

2. 2 (金)　　二人で甲府から東京へ行く。7:00p.m.より白さんの姫路工業大学卒業祝いをニューオータニの"さざんか荘"で行う。

2. 3 (土)　　1:00p.m.慶応、佐藤外来受診。　BNP：334.8

3. 3 (土)　　I子、明日の仮縫いのため、甲府行。　＜58　107/65　98＞

3. 4 (日)　　京都"ヴェローナ"のデザイナー、ウェディングドレスの仮縫いに甲府へ来て下さる。(病のため、結婚は無理でもやはり女の子、一度はウエディングドレスを着せてやりたい…。A子の好みのデザインでオーダーする。)

3. 25 (日)　　A子　33歳　発病から3年目　＜56　92/54　98＞

3. 30 (金)　　昨晩、フープ死去。9:00a.m.火葬のため名古山へ運ぶ。途中、夢前川のいつもの散歩コースを経由する。
　　　　　　午後　甲府行、後A子と東京へ。ニューオータニ泊。

3.31(土)　　　慶応　佐藤外来受診　＜64　90/50　98＞　BNP：310

4.6　　　　　トラクリア、シルディナフィル　28日分　ダイトウで受け取り、送り。
　　　　　　　A子　この頃、生理不順　1日だったり8、9日続いたり

4.8(日)　　　雑種犬サクラ、エルザ動物病院よりもらい受ける。(推定4歳) 2号線相生付近で車にはねられ、機動隊によってエルザへ担ぎ込まれた由。複雑骨折を、3度の手術に耐えて生き延びる。院長の依頼を受けて、フープの後釜とする。左のお尻は丸裸。服を着せて散歩する。左後足はだらりと垂れたまま、散歩の度に、足の裏を擦り剥くので、消毒をする。4本脚で歩けるまで、半年かかる。

サクラ

5.2　　　　　トラクリア、シルディナフィル受け取り。

5.13(日)　　　I子、高山旅行のため甲府へ。　A子の車で明日出発。

5.14～16　　　高山の"花兆庵"で宿泊、車で周辺を廻る。藤の花房が美しい。A子、一刀彫に興味あり。ある工房で"まめにカエル"を購入(インゲン豆の上にカエル)。

5.17(木)　　　甲府帰着。

5.25(金)　　　甲府から東京へ。A子、運転がかなりしんどくなったため、これからはタクシーで行くことにする。

5.26(土)　　　慶応　佐藤外来受診　BNP：394

6.1　　　　　トラクリア　ダイトウ先生忘れ、催促。

6. 24（日）　　I子、甲府へ。

6. 25（月）　　太田先生訪問のため立川へ行き、思いのほかお元気な先生に会って安心、
　　　　　　　後、甲府へ戻る。

6. 26（火）　　I子、島内氏個展のため、東京へ。ニューオータニ泊。

6. 27（水）　　銀座ニコンサロンで、島内氏の写真個展。午後 姫路へ戻る。

7. 2　　　　　トラクリア、シルディナフィル送り

7. 13（金）　　甲府より東京へ。ニューオータニ泊。

7. 14（土）　　慶応　佐藤外来受診　＜48　84/51　98＞

8. 1　　　　　トラクリア、シルディナフィル、PL送り
　　　　　　　大頭先生から紹介のあった、甲府の 内藤泉先生より返事あり。来週面
　　　　　　　談予定。

8. 8（水）　　I子、甲府行。

8. 9（木）　　11:00a.m.内藤先生に面談。
　　　　　　　　1）　全体的身体状況を把握する必要
　　　　　　　　2）　今回の難聴も "心不全" の一兆候か。
　　　　　　　　3）　現在、体のサーモスタット機能不良
　　　　　　　　　　　頻繁な発熱
　　　　　　　　　　　めまい
　　　　　　　　　　　躁鬱状態のくりかえし
　　　　　　　内藤見解：対策として　ハリ、プラセンター点滴、ラクトフェリン、
　　　　　　　　　　　ウミヘビエキス（ラチカ）etc.
　　　　　　　　　　　＊ホメオパシーも有効

9. 4（火）　　甲府より東京へタクシーで行く。　＜45　97/59　98＞

はざま　35

9.5(水)　　午後、慶応　佐藤外来へ　BNP：406

9.12(水)　　A子　心不全症状　＜58　98/65　97＞

9.13(木)　　I子甲府へ急行、症状が落ち着くまで滞在する。

9.16(日)　　姫路へ戻る。

9.20(木)　　A子、山梨中央病院　耳鼻科入院。

　山梨中央病院耳鼻科受診　担当：黄淳一先生
聴力検査（外耳　一般）突発性難聴と診断
２週間の入院治療で通常は効果あり。発症より約１ヵ月が勝負。
しかし、循環器系の持病があること、目まいを伴ったこと、これらは
分が悪いらしい。
即入院。６５１の部屋へ行く前に、頭部レントゲン。
血糖チェック（８４）→ステロイド剤（注6）２００mlを、普通
１時間のところ、４時間かけて行う。
彼が駆けずりまわって色々してくれた。付いててくれたので
安心できた。会社も休んでくれて感謝です。

注6：プレドニン
ステロイドとは、副腎（両方の腎臓の上端にあります）から作られる副腎皮質ホルモンの１つです。ステロイドホルモンを薬として使用すると、体の中の炎症を抑えたり、体の免疫力を抑制したりする作用があり、さまざまな疾患の治療に使われています。副作用も多いため、注意が必要な薬です。
１．経口ステロイド療法　「プレドニゾロン（PSL）」という薬が使われることが多く、初期投与量PSL20〜60mg/日程度で開始し、２〜４週ごとに５〜10mgずつ減量していきます。PSL20mg以下では、さらにゆっくり減量していきます。連日内服と隔日（１日おき）内服があり、後者のほうが副作用は少ないといわれています。
２．ステロイドパルス療法　メチル・プレドニゾロン500〜1000mgの点滴注射を３日間行います。
　　　Copyright (C)2012 Tokyo Women's Medical University Hospital. All Rights Reserved.
現在、炎症を抑える最も強力な作用を持つ薬で、ほかにも多くの作用があることから、さまざまな病気や症状の治療に使われています。
しかし、作用が強力なため、大量に使用したり、長期間使用すると、重大な副作用を招く可能性があります。このため、副腎皮質ホルモン剤は、他の薬では効果の無い重症の場合に使用されるケースがほとんどです。その場合でも、あくまでも病気の症状を一時的に抑える目的で使われます。

＊副作用：よく現れる副作用→消化不良 ときに現れる副作用→視力の低下、霧視、
口の渇き、頻尿、食欲の 増加、体重の増加、神経過敏、不安、多幸感、
睡眠障害など。・・・
さらに、副腎皮質ホルモン剤を長期にわたって、あるいは大量に使用していると、
むくみやムーン・フェイスが現れたり、糖尿病を悪化させたり、感染症にかかり
やすくなったり、緑内障、白内障、胃・十二指腸潰瘍をおこしたりします。
<dictionary.goo.ne.jp/leaf/kusuri/12/m0u>

9.21(金)　5:30a.m.車で姫路出発、11:00ごろ甲府南インター、そのまま中央病院へ。主治医の先生曰く、本日より毎日、ステロイド点滴を、肺高血圧症があるため、通常より時間をかけて4時間がかりで行う。通常の突発性難聴であれば、1週間位で効果が出るはず。

8:00a.m. 朝食　薬　血糖値：114
食べて早々に内耳の聴力検査、心電図
10:00　ステロイド200ml～14時まで　母来る
12:00　昼食　目まい止めの薬飲み始める。
おかんがゴルフで駆けつけてくれた。たくさん喧嘩した後だけど、やっぱり気にかけてくれるのは本当に嬉しい。いろいろ心配かけ通しだけど、頑張ってゆるゆるいくから、長い目で見守ってほしいなあ。

9.22(土)　点滴：4時間　来週、脳のMRIをとる。　＜70　80/56　96＞

9時過ぎ、となりのとなりの治療室で診察。頸椎動脈が一時的にストライキを起こしたためか？とにかくMRIでみてみる。つまったら（梗塞）気を失うか、目まいが続く、症状が重いらしい。ステロイド4時間点滴。
オルゴールのような音、キラキラしたクリスタルガラスのオブジェがキンキンと音を立てているような感じ。おかん、昼過ぎに来てくれた。ナビの言う通りに来るとややこしかったらしく、地図で一緒に再確認。だいぶ地理感覚が出てきたみたいで一安心。今日はおかんの誕生日なのに、とんだ日になってしまったなー。ごめんね。
夜、仕事終わって彼が来てくれた。少しだけだったけど、顔見たら安心した。

はざま　37

9.25(火)　　黄先生　左耳に点滴の効果なし。難聴は治らない！

☀ ☁ ☂ 暑ーい！
3時頃から眠りが半端なままだったせいか、あさの血圧はままあ。交感神経が出張ってきてたのかな…。耳はかわらず。朝、聴力検査その後診察。自分でも分かるけど、1週間前と変わらず。黄先生も2週間をめどにと言っていたけど、全く数値が変化しないので、正直言って難しいだろうと…。目まいは徐々に収まるとのことで、確かに収まりつつある感じ。昼前、点滴はじめてから、ひどい頭痛がくる。久しぶりに、目の前に、"にじにじ"が出てきて嫌な感じと思ったら、来た！！
生理で、たんぱく質不足も相まって、ロキソニンをいただくことに。昼食にプラスひれかつを二切れ食べて、とりあえず落ち着く。夕方MRI、夜はおかんが唐揚げを作って持ってきてくれた！ありがたい。おいしかった。夜、彼が来た。

9.26(水)　　脳外科でMRIをとる。→異常なし。偏頭痛はどうしようもないのか。

A子水墨 "萩"

9:20a.m.黄先生診察
MRIでは大きな変化や腫瘍は見当たらなかった。細かい内耳や毛細血管までは見ることができないが…。
"にじにじ"で頭痛の件は、脳外にいくことに決まる。
11:20　脳外科で偏頭痛。薬はやめておく。ロキソニンぐらいでがまん。昨日の頭痛騒ぎといろいろなストレスから（点滴の作用も…）下腹が異様に張って苦しい。体重も57キロになり、便が出ないときの体になっている！　廊下や階下をウロウロしてみるが、あまり効果がなく、夕食後トイレにこもって散々冷や汗を流したあげく、詰め所に泣きつき下剤を一錠いただいて飲む。夜なかに何度か便意はあったが、ほんとに少量。でも腸が動く感じとガスが出てくる感じに少々安心。水分をとりつつベッドへ。

9.27(木)　　山梨中央病院の内藤先生、黄先生、梅谷先生、順に面談するも、収穫ナシ。

朝食後、下剤のおかげか、ゆるかったが少し楽になる。曇りの日は少々ぼーっとする。小さいアイスノンだけ、置きなおしてもらった。今日は点滴の方の腕が痛い。管が触っているのかな…。循環器内科は最終で、17:30近くだった。梅谷先生もお疲れ気味。耳の件、13日の段階ではそれほど重視しておらず、肺高血圧症の方を心配して下さったので、診断が遅くなったと…。初顔合わせがあの状態だったので、持病とその顔で、すわっと思われても仕方がなかったかも…。今後、もしものときは対応してもらい、慶応の佐藤先生とも連絡を取りながら、普段は3カ月に一度のペースで管理をしていただくよう、話ができた。来週の木曜にエコーの予約が入れてあるので、その時しっかり方針を決める。

黄先生とおかんが話し合って、治療はこのまま予定通り続ける。食べ物については、何を食べても構わない由。但し血糖値に注意。

初めて黄先生のお話を聞いた時点で、私は別な部類であることが分かった。

女性と男性なら、女性の方が良い、目まいと耳鳴りは、同時に無かった方が良い。循環器系の疾病は無い方が良い。実際、検査の結果や、自分の聴こえ具合などは良く分かっているので、ほんとに片耳だけになったのかという感慨以外、何も分からないのが入院7日目の現状だ。これからこの状態をどう理解しよう。受け入れて生活していかなくてはならないことは仕方がないが、やるっきゃない、と日々自らを養う努力を重ねることに対する不安は、何とも言いようのないものだ。しかし、このアクシデントのおかげで、必要以上に聴き取り過ぎていた"ことば"を、受け取ることが非常に少なくなると思う。そうなると、自分のノタノタペースを誰かに邪魔されることも少なくなると、かすかな期待を寄せているのも事実だ。現実をよーく見てみた。笑ってしまうようなことばかりが多い。身近な人の間で、あっちを立て、こっちを立て、…もうやーめた！　バカバカしい。皆、己れがかわいいのだ。そんな世の中にいて、己れが二の次などという人間は生きられない。そう、"生きられない"今の自分がここにいる。

9.28(金)　　　山梨中央病院　内藤先生10:30a.m.面談

朝スッキリ起きる。下へ散歩にも行き、調子よさそう、と思いきや、10時ごろから"にじにじ"が出現！黄先生の診察中もどんどん大きくなっていき、ロキソニンをいただくはめに…。結局昼間中頭痛ピーク。最悪…。アイスノンを何度も取り替えていただいて、うつうつして、3時頃ようやくましになる。まだ頭がぼーっとするが、仕方ない。
顔がまんまるになってきた！

9.29(土)
　　　　　　<64　86/50　97>　35.6
朝から肌寒い天気。雨が降っているようで大変そう。病院内は静かで、土曜日なのを実感…。黄先生はジーパンのすそをふんづけて、いい具合のクタクタ感を出していた。若干だけど、口の中の感覚が改善されたかも！？
ガムを噛んでも、酸っぱい梅をかじっても、舌と口腔が反応しない気持ち悪さが半減してきたようだ。今日は湯船に久しぶりに浸かり、汗もかき、とてもスッキリした。朝6:30に起きるようになったせいか、夜はとても早く眠くなるが、トイレに起きてしまうので、ガッチリ8〜9時間眠れない。だいたい4時間で目が覚めるなあ…。

9.30(日)

朝6:30　起床。雨模様が続き肌寒い。朝からおかんはこむらがえりをおこしたらしい。疲れが溜まってきたのだろうな。この歳でおかんの世話になり続けなくてはならない、寂しさと、申し訳なさ、切なさがいつも渦巻いていたけれど、少し新しい考えも…。でも、うちのおかんだからここまで出来るんだという誇らしい気持ち、そしてありがたい気持ち。
耳が聴こえにくくなったけど、いろんな扉がひらいたように感じる。この先私が生きねばならない時間を、自分の気持ちにもう一度聴く、決意を促す、そんな扉を開いたようなまぶしい感じがする。今日は夕方、ひろがお見舞いに来てくれた。相変わらずの彼女にほっとした。楽しいひとときをいただいた♡

10. 1 (月)　　本日でステロイド点滴終了。　＜76　80/56　97＞

今日も朝から肌寒い。窓を開けて冷たい空気を吸い込み、ぼーっとした頭が徐々に溶けだし、動き出すのを待つ。ここにきて、毎日のように、おかんに朗月堂通いをしてもらい、にわか読書家に変身している。久し振りに文字の湖にはまってる。子供のころ、図書室大好き人間だったなあ…と思い出しつつ読みふけっている。
黄先生、午後来られて、明日で点滴は終えて、急に止めるといけないので内服薬にするという…で、5日退院に決定！昨日シャワーできなかったので、一時間とってお湯をはってみたけれど、4時ごろ、30分足らずでお風呂出てきちゃって、あれれ〜…。でも、さっぱりしたのでOK。おかんと収納論。帰ったら、いろいろ処分しなきゃ。比較的汗をよくかく。
具合がいいのかわるいのか…

10. 2 (火)　　　＜86　88/54　96＞　36.3
今日も雨が降りそうな肌寒い天気。一気に秋突入のような気温に少々びっくり。でも、身体はだいぶ楽。夜中に蚊に刺されて、蚊取りとポケモヒをいただいて、しばらくおしゃべりした。楽しかった。
保坂さんは休みに稲を刈るといっていた。畑を借りてるみたい。山登りも好きだし、すごく快活。野沢ちゃんとは、見るジャンルや趣味、ツボが同じにおいがする。6時間カラオケ伝説はすごい！　二人からもっといろんな話を聞いてみたいなあ。点滴、ラストだけど、腕が痛い。血管の壁に当たってうまく落ちず、何度もチェックしてもらうことに…。2センチ位の管が入っていた。抜いた後の爽快感はたまらない！　だいぶ舌の感覚がゆるんできた。相変わらず口内炎は気になる。明日からしばらく服薬。異物が無いということは本当にしあわせ♡！　夜熱っぽい。氷枕をいただいて眠る。のどがいがらっぽかったので、風邪？　彼が来てくれたけど殆ど良く分からず、沈没。

10. 3 (水)　　姫路の大頭先生に電話、発熱の原因を聞く。曰く、菌かウイルスかで分かれる。菌の場合、抗生物質で対抗する。ウイルスであれば、退院で解消するだろう。
梅谷先生：プレドニンの副作用で血球値が上昇する。

<76　84/66　96>　35.9
昨晩の熱はひいたようで、のどのいがらっぽさは消えた。
乾燥がすごいのと、あごのゆがみで口が開いちゃうのとで、
非常に苦しい。
小林さん、あまりひどい場合は口腔外科ですね、と…。昼ご
ろから首のはりと眠気。夕方近くまで汗びっしょりで横にな
る。汗かいたら少し楽になった。早く普段通りになりたい。

10.4(木)　　<56　92/56　94>　35.6
夜中、トイレに何度か起きる。少し身体があつかったせい
か、また汗をかき、そのおかげで朝は脈拍もいつも通りに。良
かった。久しぶりに空の青さを見た。光の具合に、もう秋な
んだなあと感じ入る。聴力検査も相変わらず。午後、エコー
と診察（循環器）あり。心エコー、長かったー。でも痛くな
かった。梅谷先生、次回22日に。黄先生、15日に。

10.5(金)　A子、山梨中央病院　退院

朝からお腹の調子も良く、天気もまずまず。今日は退院。

10.10(水)　
夕方、マルの散歩に行く。近所のおじさんに、いい犬だと
褒められてちょっと嬉しかった。

10.11(木)　　<61　91/53　97>　35.2
かなり冷え込んできたので、やられてしまったみたい。
のどがいがらっぽく、夕方から熱（？）のため身体が痛む。
夜PL飲む。マルの散歩はおかんが行った。

10.12(金)　I子、姫路へ戻る。　<61　91/53　97>

おかん早朝帰る。いろいろと世話を焼いてくれて大助か
り。ありがとう。
体重が元に戻りつつあるので、体が楽になってきた。また
夕方熱くなる。一応今日も朝昼晩とPLを飲む。朝夕まる
と歩いて、ようやくふくらはぎの筋肉痛が薄れてきた。
まる→牛乳＋水を飲んだら、少々ゆるかった。

A子画　シュウメイギク

10.13(土)　　☀　<66　98/64　95>　34.9
朝マルが起こしに来た。7時過ぎ散歩に行って、8時半ごろごはん。
朝方は大分冷え込む。寒く感じるので、冬用ロングスカートを引っ張り出す。夕方頭痛。生理？PL飲む。足が冷えるので、足湯。アロマを嗅ぎつつ、日本史の本を読み、ひたすら浸かっていた。汗をかいてすぐ寝られる。

10.16(火)　　☁　風強し
今朝はだるく、計り損ねた。昨日で終わりかと思いきや、今日はまた勢いづいて、何だか…。昼前に有野のおばちゃん登場。介護ユニオンの連絡がうまくついてなかったようで、おばちゃんはすぐ帰り、11:30ぎりぎりに、加藤先生にマルを診ていただく。受付の渡辺さんに、マルの作った水溜りを2か所拭くのを手伝っていただいた。ありがとう。午後1時から久しぶりで、ユニオンの赤尾さん。お母さんが入院しておられたそう。夜は何度か目が覚め、ぐっすり眠れない。

10.19(金)　　☁　<75　103/51　96>　36.2
午後から雨が降り出して、肌寒くなった。10時半ごろマルとさんぽをした。2回ウンPをして、快腸そう。今日は彼と映画を見るはずだったけど、お目当てのが未だだったので、止めにした。夜8時ごろ、彼は帰った。10時ごろお腹がはって眠れず、トイレへ行く。スッキリして11時過ぎに寝た。

10.21(日)　　☀　<71　91/59　98>　35.5
寝不足だけど、昼間は寝られず、頑張ってゆっくりゆっくり動いて、息をして、頭のふらつき感はだいぶ減ったかな。でも、左頭の圧迫感はまだ取れず。左に頭を向けると目眩が、と思うと自然に力が入るので、妙に肩こり気味。この上さらに血行不良で、頭がカーッとなる…。

はざま　43

10.22(木)　A子、11:30a.m.山梨中央病院予約　梅谷先生。　＜77　90/48　97＞

朝スッキリ目覚める。昨夜は途中で起きることがなく、左に顔を傾けてもめまいがしなかった。今日は梅谷先生の診察。のどぼとけの横（右のみ）が押すと痛く、飲み込む時のドクドク感は何か…。
入院してからあれっと思ったが、退院した後ますますひどく、食事がかなり憂鬱。のどの件は何かの炎症かも。しばらく様子見て、まだ痛ければ黄先生に。会計の前に黄先生に出会ったので、少し話したら、やはり同じようなことを言われた。甲状腺の(?)炎症の際には、ドキドキ感や発汗が伴うと。それに似た感じだったので、どうなんだろう…。11/11にインフル予約入れた。内科診察も。

10.24(水)　5:40a.m.車で甲府へ向かう。明日10:00am、内藤泉先生紹介の、東京のトータルヒーリングセンター（ホメオパシー）の中村裕恵先生予約のため。マンションへ着いてみると、A子、風邪か。発熱のため、中村先生キャンセルする。

10.26(金)　ようやく熱が下がる。I子帰り仕度をしていると、突然、A子が私も帰ると言いだす。　＜64　85/54　97＞
駆けつけた彼氏とI子、深刻な話し合い。彼は、断固連れて帰るなと言う。急きょ、電話で、A子の車の運転を姫路の岩村鐸氏に依頼し、姫路JTBへ翌日の新幹線切符の手配をする。（岩村氏は、明朝切符を受け取り次第、電車で甲府へ。A子の車と2台で姫路へ帰る段取り。車なしではA子は外出不可能）

10.27(土)　豪雨の中、午後、2台で姫路へ向かう。途中、SA毎に、各駅停車でトイレ休憩、マルもトイレ。I子、豪雨に前車を見失いそうで、緊張の運転。9:00p.m.頃姫路着。

だいぶ喉が楽になる。午後、姫路から鐸さんが応援に来てくれて、おかんと二人で、荷物を車に積めるだけ積んでくれた。レクサスを鐸さんに運転してもらい、おかんは後からゴルフで付いてきた。台風で大変だったが、途中で大きな虹が見え、とても嬉しかった。まるも一緒。窮屈なのに、6時間以上も頑張ってくれて…。姫路は相変わらず。零時過ぎようやく眠る。

44　はざま

10.28(日) ☀ ＜71　105/59　96＞　35.3
昨日の疲れで、朝10時までぐっすり。マルはお庭が気にいったよう。良かった。ただ、おかんがエルザへ迎えに行ったサクラと仲良くできるか心配。

マル

10.29(月)　久野さんに家の改造工事を依頼。A子の住む離れと母屋を廊下で繋ぎ、行き来を楽にする。バスタブをA子向きに大きいのに取りかえる。以上2点。

10.30　本日より工事スタート。　＜73　92/60　98＞

11.1(木)
お腹はだいぶ落ち着いてきたけど、おしりの穴がかゆいというかむずむずして夜寝辛い。黄先生が、シルディナフィルについて、FDAの注意勧告が出たことをTELして下さった。難治性の難聴が29件アメリカで報告された。因果関係があるかどうか分からないが、と言いつつ教えて下さった。

11.3(土) ☀
朝から、シルディナフィル　Stop!
朝7:00にまるの悲鳴で目が覚める。サクラにガツンとやられたよう。酷く寒く、夜エアコン切ったのは失敗か。

11.5(月) ＜44　100/58　98＞　34.9
大頭先生のクリニックへ行くのに、また寝をしてしまい、慌てて出かける。心エコーを見ながら、心臓がしっかり動いているのを確認する。耳鼻科の最上先生に紹介状を書いていただく。山梨の黄先生も、今週中に紹介状を用意して送って下さるので、来週あたり耳鼻科へ行けるかな。梅谷先生、内藤先生にTEL OK。現場監督のカント登場！　工事のおっちゃんたちにずーっとまとわりついてた迷い猫を家の子に。

はざま　45

11.6(火)　　☁　<47　88/56　96>　35.0
　　　　　お天気悪くて肌寒い。サクラとカンちゃんはチョー敵対。
　　　　　マルとカンちゃんはまあまあ。良かった。仲良くしてくれると
　　　　　嬉しい。おかんだって、密かに嬉しいハズ。何だかんだと言
　　　　　いながら、昨晩カンちゃんを役得じみた感じで2階へ同
　　　　　行。やれやれ。大型コロコロ購入してもらった！
　　　　　毛だらけ…。

11.7(水)　　朝から右のわき腹の真ん中あたりがにぶーく痛い。何だろう。
　　　　　間隔をあけて痛くなる。横になっても座っても痛い。
　　　　　夜、大頭先生が、クリニック終了後往診に。肋間神経痛！
　　　　　喉のドクドク感は自律神経過敏らしい。飴なめて寝ないこと。
　　　　　適度に体をほぐすこと。貼り薬を貼って寝る。
　　　　　先生の餃子の王将の話、おもしろかった。

11.8(木)　迷い猫カントを飼うため、エルザ動物病院に連れて行って、健康診断を
　　　　　受ける。

　　　　　　☀　<55　90/55　97>　34.9
　　　　　湿布貼ったせいなのか、話聞いたからなのか、今日は落
　　　　　ち着いている。エルザさんへ行って、カントの健康チェッ
　　　　　ク。左足の付け根からサンプル採取の際、大暴れ！　先
　　　　　生、看護師、おかん、私で押さえつける。ワクチンはすぐO
　　　　　K。検査結果は、肝機能値がMax＋1くらいで、大丈夫。
　　　　　推定1歳10カ月。来週の水曜、オカマちゃんに！！

11.11(日)　　☀
　　　　　夕方、三木さんがミルワームを持って来られ、こないだの
　　　　　太子高校での講演の首尾を教えて下さる。そうこうするう
　　　　　ち、サンスタの社長夫妻がみえたので、おすしを取ってみ
　　　　　んなで食べた。
　　　　　逆境に生きる方々の強さを少し学んだ気がして、自分にも
　　　　　少し安心感が…。とても有益な時間だった。

11.12(月)　山梨中央病院耳鼻科診察日であるが、キャンセルする。

☀ ☁ ☂ 　＜54　91/55　96＞　34.7
午前中、飾磨Policeへ行き、あまりの旧雑さにびっくり！
建物が別々で手続きが重複？　その後、東校と消防署の
間の姫路市役所中央支所へ。印鑑登録と証明発行を
してもらった。急に曇って冷たい風が吹き荒れたり、雨がパ
ラついたかと思うと、直ぐ照ったり。冬よりな気温に身体が
ビックリした。昼過ぎ久々に"めんめ"へ。打ちたての麺を茹
で上げたのを食べられて、美味しかった。ハガさんちの息子
さんが来ていた。

11.13(火)　　＜47　93/46　96＞　35.2
朝からおかんはお疲れキンキン。私以外にもメンドー見なく
ちゃならんモノが増えたり、仕事の事やらで大変だから仕
方ない。私は左から右へ…、気にせず、気が楽なように生き
よう♡！　カントとマルが喧嘩。何とか仕切って分け、チー
ズを上げたら、超元気で安心した。明日朝カントは断食な
ので、夜、モンプチを2缶あげた。

11.14　　　エルザにてカント、マル　手術を受ける。

11.15(木)　　☀　＜53　90/60　96＞　34.9
朝から暖かく、いい天気。カントのお迎えにエルザへ。
午後、松崎のおばちゃんが、珍しいシクラメンを持ってお見
舞いに来てくれた。ありがたいなあ。カント、かなり縫い傷
があってビックリ。ただ食欲は盛んで一安心。マルがイラつ
き、サクラと張り合って、歯がおかんの手に当たって流血沙
汰！！　大したこと無くてよかった。

カントとマル

はざま　47

11.17(土) ☀ <47 87/55 97> 35.5
今日はとても暖かく過ごしやすそう。
6時半ごろから、マルがキューキュー鳴いて、目が覚める。もう一度寝て、9時、おかんに掛け布団のシーツを引っぺがされる。洗濯。おかん、具合 悪そう。台所の洗い物やら、自分に出来ることをする。久々にアイロンがけをした。夜、おかんにしては甘めのカレーをこしらえてくれた。美味しかった。

11.20(火) ☀
今朝も良く冷えているが、昨日ほどではない。ご飯を食べて9:30ごろ家を出る。途中かなり混んでいたが、10時過ぎ大頭先生のクリニックへ着く。待合室は席がないほど混み合っていたが、12時まえにあやさんが3番の部屋へ。そこで注射、久々に痛かった。先生曰く、BNP値は体調次第で上げ下げが激しく、あまり当てにならない。エコーなどで拍動圧をしっかり把握していたほうが良いとのこと。その点で、今のところ、心臓の動きは良いので、このままいきましょうとのこと。

11.22(木) ☁☀
今朝は少し冷えている感じ。
カントとまるは、朝からネーネーキュンキュン、うるさい。
10時半ごろ最上耳鼻科へ。子供がたくさん来ていて、大人たちもびっくりするような絶叫！ 先生の診察に必死に抵抗しようとしていた。
12時過ぎにやっと番がきた。気さくな先生。難聴の件→発症から2カ月だと、症状が固まってしまうんだけど、と言いつつ、聴力検査。10月15日に甲府でしたときより、20ポイント位上がっていて、未だ難聴だけど、じわじわきているのは珍しいねーと。また1ヵ月後診ましょうとのこと。プラセンタやO_2療法等、20くらいの資料を整然と並べてあり、やる気のある先生で良かった。

11.23(金) 家の改良工事 ほぼ終了する。

☀ ＜59　86/54　97＞　35.2
朝は弱めに暖かった。呉先生が9時過ぎに来て、大きい家具の移動を手伝ってくれた。建具屋さんも、床の間の襖と、カントが破ったピアノ裏の障子をはめてくれた。先生はお掃除までしてくれて大助かり。お昼を一緒に食べて、2時半ごろ帰った。カーテン吊りやら何やら、ちょこちょこ手伝いをしたら、やっぱり冷えた。疲れすぎたかな。寒くて胃が動かなかったため、若しくてなかなか寝付けなかった。
＊マルとサクラが池のほとりで大喧嘩。2匹とも足を踏ん張り過ぎて、マルは後足の爪全部、サクラは1か所血が出てた。びっくり！でも夜にはケロッとしていた。

11.24　7:38a.m.発のぞみにて石和へ行き、マンションの片づけ及びヤマト運輸と引っ越し荷物運搬の打ち合わせをする。1:30p.m.からヘルパーの有野さん、石倉さんが手伝って下さる。片づけに6:00p.m.頃までかかる。ここで一泊。

11.25　8:17a.m.の"かいじ"で帰途に就く。東京でのぞみに乗り継ぎ、姫路1:40p.m.着。そろそろA子の寒さ対策にかからねば。

11.28(水)　 ☁ ＜51　88/58　96＞　35.1
昨日の腰痛はだいぶ楽になったが油断は禁物。一日おうち。さすがに退屈。マルは今日もキャンキャン。腫れはひいてきた。早く傷口がひっつけば…。エリザベスがやたら気になるらしい。でも良く似合っている。トリ三木さんがDVDをプレゼントしてくれた。さえずり集と画像。とても楽しい。

11.29(木)　 ☁ ＜49　92/59　97＞　34.6
朝は冷える。百子が来てくれた。大分ポテポテに！おかずを買ってきてくれた。一緒にごはんを食べておいしかった。夕方戻って行った。夜は鍋。牡蠣を食べ過ぎて苦しかった。マルはまだうんＰをしない。早くエリザベス取ってあげたいけど。

12.1(土)　 ☁☀ ＜50　89/58　96＞　35.4
早っ！師走突入。今年も何とか切り抜けてこられた。おかんや周りの人のおかげ。来年も笑顔で迎えられるように、今月も自重して、ゆっくり過ごそう。朝からサクラとマルがバトル。サクラは左後足先をかまれ、マルは右目周辺を負傷。あいかわら

ず…。昨日の昼間は２頭とも庭にほっといたけど、何ともなかったのに。カントはのんびりキャットワークに余念がない。
田中さんにネット＆ＰＣ内の環境整備を教えてもらった。ケーブルが抜けていた。先日家具を動かした人が抜いちゃってたみたい。仕方ない。昼からムサシ、アグロへ行った。少し疲れた。早速マルに新しいベッドあげたら、喜んでスッポリ入った。

12.3(月) ☀☁ <60 89/56 96> 35.1
朝から秋山さんと久野さんが来て、秋山さんはここでペンキ塗り、久野さんは店へ行って、タイル貼り。秋山さんちの犬は柴と？のミックスで、２５キロ位。踏まれると重いそうな。とても几帳面な人。トラックも工具入れも、きれいにキチンと片付いていた。
夜、クリームシチューとカレイのソテー。マルとカントとおかんと、みんな一緒にグタグタする。いい感じ。カントの胴がけ、なかなかgood！ でも本人はイヤで、片足抜いた。さすが！

12.5(水) ☀ <53 92/57 98> 35.2
非常によく冷え込んでいて、夜中に目が覚めた。朝、２匹を連れておかんが散歩に行ったら、霜がたくさん降りていたと。外でマルとサクラのバトルの声。ごはんの時だったみたい。今日はクリニックへ。
割と人が少なく、腰痛の件で先生と笑った。"また痛いとこ探しておいてくださいねー"だって。ぼうしやさんの薬局で、久々に安積さんに会った。生理痛がひどいと話すと、内膜症かもと…娘さんが同じような症状だったらしい。治療に三宮まで通院されたとか。おかんが迎えに来て、帰りに二人で更科のそばを食べた。美味しかった。

12.7　　午後、マンションの荷物引き払いのため、石和行き

12.8(土)　9:00a.m.ヤマト運輸が荷物の梱包及び搬出を始める。昼過ぎ終了。管理人の青柳さん夫妻に挨拶して、午後姫路へ戻る。

12.9(日)　　ヤマトのトラック、2:00p.m.頃到着する。三木さん、呉先生手伝いに来て下さる。殆どの物を甲府で処分したつもりであったが、A子の離れは荷物でいっぱい。

12.10(月)　　　　<45　90/57　97>　34.5
一応工事の終わった離れで初起き。東の障子のむこうが白々と明けてくる様がわかり、身体が自然に起きてくるので、楽。朝サッシ屋さんが来られ、入口の引き戸を網戸付きの錠のしっかりしたものに取り換えてもらうことに。
昼からムツミ家具へ。長身の洋服ダンスと靴箱、および姿見をget。夕方、三木さんが集中コンセントを作って持ってきてくれた。ありがたいでーす♡

12.11(火)　　　　<48　93/63　95>　34.9
朝からモーリーメイドさん達、大掃除。きれいになると違うな。昼前おかんと一緒にエルザさんへ。抜糸にカント大暴れ。痛がって鳴きまくる。院長の長谷先生にマルとサクラの相談。ここまでひどい喧嘩をするなら、無理に順序をつけてやらないとエスカレートする一方だ。サクラを序列一番に。家へ帰ると、モーリーさん達は帰ったあとで、玄関のみか勝手口の鍵までかけていた。なぜかおかんはイライラと私に当たりまくり。まさかそんな所まで鍵をかけていくとは思わないので（普段ここの鍵はかけない）、私がなじられてブチ切れ！　ママは一人で一切合財をやっているんやから、お前も少し周りを見渡してみろetc。非常にムカついた。それ以上に、当たり散らしたくもなるおかんの心情がかわいそうになった。

久野さんが㈲クリック店舗の床の耐水工事にかかる。(QSSプリンターをこちらへ据えるため)。13日までの予定。
旧店舗は堀中さんに返還する。

12.12(水)　　
少し左胸に違和感あり。昨晩おかんとけんかしてドキドキしたからか…。興奮がおさまってから2〜3日は、動悸がして気持ち悪い。あーあ、ケンカはやだ！　こっちの分が悪すぎる。当たられるのはまっぴら。もっと違う方へ発散してほしい。

はざま　51

12.13(木)
人差し指がままならなくて、書くのがおっくう。でも、それで
まあいいやと思ったら続かなくなる。だいぶ治ってきたの
か、ポツポツだけど、ひどい痛みからは解放される。

12.18   ノーリツ鋼機の花村氏、QSSプリンターを旧店舗から㈲クリックへ移
動する作業。田中氏は、プリンター、マック、Win.等のネットワーク設
定し直し。

12.19   A子と気晴らしショッピングに京都へ。車でグランヴィアへ行って、宿
泊。

12.20   朝から伊勢丹で買い物をする。各階で小休止、トイレ休憩。A子、はか
ばかしく歩けない。のたり、のたり…

12.21   久野さん、A子の離れの玄関サッシを網戸付きに交換する工事。(網戸が
無いので、戸が開けられなくて、換気が良くないとA子より苦情あり。)

12.28(金)
朝から雨。乾燥が落ち着いた感。清浄機の自動感知
が60を指す。午前中に出かけようと思ったが、天気のせ
いで行けなかった。
工事に来ていた久野のおっちゃんが、"みかしほ"でお昼
を御馳走してくれた。もとちゃん、橋本さん、おかん、私の
5人一緒。食べながら、海へ行って釣りをしようと誘って
くれた。嬉しかった。帰って、雨の中、もとちゃんと橋本さ
んは仕上げのペンキ塗り。もとちゃんはいっぱい話をして
くれる。慣れてくれたのかな？同じシルビアに乗っていた
らしく、よく、ぶっちぎったって…。

A子画　倒木更新

52　はざま

2007年

年月日	脈拍	血圧 下	血圧 上	酸素濃度	体温	BNP
2.3	56	65	93	98		334.8
3.3	58	65	107	98		
3.25	56	54	92	98		
3.31	64	50	90	98		310
5.2	54	60	102	97	35.73	
5.26						394
6.24	56	64	94	98	35.76	
7.14	48	51	84	98		
9.4	45	59	97	98		
9.12	58	65	98	97		
9.21	86	60	96	98	36.30	406
9.22	70	56	80	96		
9.29	64	50	86	97	35.60	
10.1	76	56	80	97		
10.3	76	66	84	96	35.90	
10.11	61	53	91	97		
10.13	66	64	98	95	34.90	
10.19	75	51	103	96	36.20	
10.22	77	48	90	97		
10.26	64	54	85	97		
10.28	71	59	105	96	35.30	
10.30	73	60	92	98		
11.1	51	55	88	97		
11.5	44	58	100	98	34.90	
11.7	45	55	85	96	35.07	
11.8	55	55	90	97	34.90	
11.12	54	55	91	96	34.70	
11.13	47	46	93	96	35.20	
11.17	47	55	87	97	35.50	
11.20	57	59	88	97	35.65	
11.23	59	54	86	97	35.20	
11.28	51	58	88	96	35.10	
11.29	49	59	92	97	34.60	
12.1	50	58	89	96	35.40	
12.3	60	56	89	96	35.20	
12.5	53	57	92	98	35.20	
12.10	45	57	90	97	34.50	
12.11	48	63	93	95	34.90	
12.12	50	42	86	95	35.36	
12.28	53	59	91	98	34.82	

はざま 53

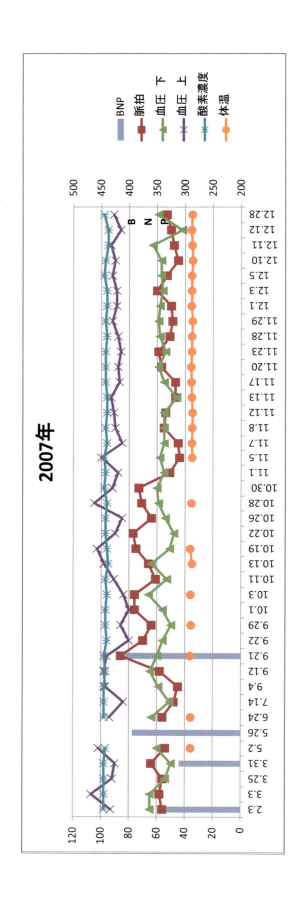

54　はざま

２００８年

2008年　＊甲府のマンションと違って、古家は隙間風だらけで、寒さ対策に腐心。ガス業者、電気検針員から、どこか異常では、との指摘を受ける程。
＊A子の鬱を如何に解消するか。
＊胃の働きもかなり弱って、大食らいのA子の食が細くなる。
＊歩行は極ゆっくり、長時間は無理。大手前の4車線の交差点、青の間に渡りきれない。
＊頻繁に頭痛おこる。
＊5月から漢方薬処方してもらう。
＊8月から肝油、ローヤルゼリー（カプセル）はじめる。
＊右目、視力ほとんど零、左耳は難聴のまま（薬の副作用）。

2008
1.1(火)   年明け！今年も無事にすごせるように、焦らず、いこうと思う。

A子書初め

1.4(金) ＜51　90/56　98＞　34.35
朝から晴れ。昼から風が吹く、いつものパターン。
年賀状の図柄を考え、午後から茶墨をすり、いい気分
カントにはケージで我慢してもらう。夜は書き初め
果たし…"無心"から"心眼力"になったが…。
どこに貼るか、乾いたら考える。

1.5(土) ☀ <67 92/59 97> 34.8
朝は曇っていたが、晴れてきたので、おかんとマルとプチドライブ。牛窓のはずが結局赤穂に行く。昼に出たのがまずかった。ケセラセラ〜と食べ物屋さんを探して一時間。赤穂市内をぐるぐる回って、住宅街にあるお好み焼き屋さんへ。奈々という。昔懐かしいメニューの、安さにビックリ。ブタ玉350円、イカ玉380円、シーフードモダン650円等、しかも素朴な味でgoo！ その後、海浜公園でミカンを食べ、ゆっくりもどる。久しぶりに走って疲れた。

1.6(日) ☀ <54 99/63 97> 35.0
明日からの仕事のため、自現機の立ち上げにおかん出かける。コーナンで大コロコロをみてくるとな…。

1.8(火) ☀
夜みつよしで特上を食べる。メッチャ美味しかった！！ただ、オニオンスープの量が多くておなかが…。サービスに牛刺しを少し切って出して下さる。舌の上で溶ける食感がたまらない。バターのような味わい。
昼間、飾西の〒へ支払いと切手の購入に。1時からモーリーさん、ToToさん。トイレ修理はコンピューター取り換えで、2万円ほど。

1.9(水) ☀ <59 95/52 96> 35.12
よく眠れず、ぼーっとしている。マルはお外、カントに咬まれ、しょんぼり。トンパ文字、漢字、エジプト文字から、笑うことに関係ありそうなのをup。他にも欲しいかも…。
マルと裏の公園へ。裏山で地デジ工事。ゲレンデを彷彿とさせるリフト。朝田さんちの手前まで歩いてUターン。
3時半、お風呂♡♡

1.10(木) ☀ <67 95/60 97> 35.51
今朝、メチャクチャ寒く、体がヤバかった！ 7:30でびっくり、9:30まで布団の中。ガスファンヒーターつけて、何とかOK。マルとサクラを庭へ放す。昼過ぎムサシへ行く。墨、紙、印鑑etc.たくさん揃ってて感動！ また行きたい。

1.12(土) 🌧☁ <64　96/64　96>　36.0
トイレに行きたくなるのが大体5時〜6時。せいぜい我慢して8時半。寒いと冷え切ってしまう。なんとも難しいところだ。昼ごはんを終えて離れへ戻ると、障子に大穴のトリプル発見！心臓が痛くなる。早くガラス戸に替えてもらえたら…。カントは悪かったと思っているのか、ニャンとも鳴きもしない。

1.13(日) 　<47　90/59　97>　35.21
今朝もさぶい！朝方のトイレをどうしても我慢してしまうので辛い。今日は、久野さん、橋本さんが諸々をやりに来る。離れの部屋、風除けのため、障子にガラスか何かを考えてくれるらしい。水道の蛇口も開通した。昼は、お寿司をとって、皆で食べる。少々風邪気味か？

1.14(月) ☀ <50　92/56　97>　35.5
ほんとに寒い！！部屋の温度下がり過ぎっ。障子の南側の広縁にデロンギ置くべし！！暖房効率が格段に上がるはず。朝方雪が舞ったそう。昼間は照ったり曇ったり。今日は書の整理をする。よって、カンちゃんはひもつき。

1.15(火) ☀ <55　94/62　97>　35.3
左肩側痛い。ラジオ体操や屈伸をしてもがく。いい天気だけど寒い。サクラが元肥えの油粕を掘り起こして、食べちゃったみたい。この時期中庭に放すのはNG！おかんの目がつりあがりそう。反省。
モーリーさんの掃除日。清水先生がハガキくれた。
昼間も快晴だが寒い。夕方少々だるくて寝る。

1.16(水) ☀ <60　92/60　97>　35.1
今日も冷えているけど、外は穏やかそう。少々運動不足気味。カントはカーペットの下に潜って楽しそう。夜良く眠れたからか、具合が良い。髪を洗い、ムサシへ。ミルワーム5個、ネコグッズ、犬おやつetc.2階へあがる元気なし。カイロ貼って行ったら、外がメチャ暖かくて、気分悪くなりそうになる。風が無いと全然ちがうなあ。アメ村へ寄り、DVDとパタリロを買う。久々にナンセンスを満喫、夕方風呂で温まる。が、すぐ身体が冷える。温度が上がり過ぎると気分が悪くなる。かつ、適度な換気は必要。風呂暖房はいつも肌寒く感じる。夕食は残す。腹8分目、水分摂取を忘れないように。

はざま　57

1.17(木) ☀ ＜54 88/56 97＞ 35.44
朝5時過ぎトイレ。廊下にエアコンがついたので、トイレへ行けるようになった。再び目覚めたのは8時半。今朝は穏やかそう。

1.19(土) ☀ ＜69 96/64 97＞ 34.9
朝からマルとカントの追いかけっこ。なぜかイライラ。咬み破りがひどく、とうとうプッツン！！ 引き戸に当たるとマルの足を踏み、サッシに当たるとマルの耳先を咬み…。おびえきったマルはカントに威嚇されるがまま、逃げてカントのトイレで丸まることに。我ながら情けなく哀しくなり、泣いてしまう。カントがおかんに母屋へ連れていかれたのを見て、こりゃ捨てられてしまう、と、急きょ連れ戻す。私がごはんをあげるから。お家が無くなったら、やっぱりかわいそう。

1.20(日)
1日中みぞれまじりの雨がジトジト。今朝からカントは外へ引っ越し。ベッドの窓越しにあるサクラの小屋の上へケージを据える。庭を歩く時、サクラやマルに咬まれないよう、体を大きく見せて悠然と行く姿に、"おっ カントよ"って声をかけたくなるほど。しっぽはアライグマラスカルのごとく、ぼわぼわに太く…。見てて、とっても怖いんだと分かる。マルは廊下の部屋を独占出来て、穏やかに。買い物に出かけたかったが、寒いからやめておく。具合が悪くなったら困る。
夜はカレー。先に風呂へ入ったのが失敗。食べると暑くなりすぎて、半分でやめる。胃が動いてないのが分かる。ゲップがすごい。夜中ごろ、お通じも元にもどり、一安心。

1.21(月) ＜57 89/56 97＞ 35.3
今朝もよく冷えているが、積雪もなくやれやれ。山梨は大分積もったようだ。カントはマルとサクラをかわし、朝ごはんを食べに来て、私の毛布の中で丸くなっている。平穏なひととき。
おかんと小競り合い。ひょんなことから、なじるハメに。鬱になりかけかな…。ひとと話すことがない、外へ出かけられない、つらい、こわい。そばでじっと話を聞いてくれたり、支えてくれる相手もいない。メールのやりとり、虚無。バイトをしていたときでも、色んな人たちと接していて楽しかったし、励み

になった。今は何だろう。マルとカントと…。はまりたくない！
季節がら外に出られないのは痛い。
ひろの件も凹んだ。

1.22 (火) ☁ <51 81/51 98> 35.6
今朝も憂鬱。眠い。何もしたくない。食べることに興味がわかない。一番困ったパターンにはまりそう。しかも眠いのにモーリーの掃除が来る。こんな日はそっとしておいてほしいが、そうはいかない…。非常に眠い。昼ごはんをようやく口にする。カントとマルに分けた。モーリーさんには、離れを先にしてもらう。久しぶりにながさわさんと話した。今年の正月は9泊11日でスペインへ行ったそうな。毎年まとめて旅行に行く。頭のいい方だ。少し愚痴を聞いてもらい、楽になる。笑い声はいいなあ。

1.23 (水) ☁ ☂ <48 90/63 98> 35.2
昨晩から雨がシトシト降り続く。昨日のながさわマジックなのか、今日はマシ。人と会わないことで、自分が折れそうになるのがよーく分かった。これからはそうならないように。

1.26 (土)
冷え込みはきついが、風が無いので昨日より楽。シーツと布団カバーの洗濯。ゆっくり片づけながら、1時半中国語。不思議な音がたくさんある。帰ってからマルと散歩。裏のおっちゃんちの白は柴だった。小学生くらいの女の子が二人、ネコを探していたようだ。腹の白い大きなネコとか。うちのカントも迷いだけど、小さいし…。意を決して抱いて出たら、もう姿が無く、残念、というか、安心感。

1.28 (月)
朝から非常に寒く、空はにぶいネズミ色。しばらくすると雪に。久しぶりに竹やぶにふんわり雪がかかっているのを見る。幻想的で穏やかな風景。積雪量が少ない土地ならではの感覚だろうか。
夜中過ぎ眠りに就く頃も、街灯の灯りに照らされて、はらはらと降り続いていた。

1.31(木) ☀ <52　90/60　97>　34.7
良く晴れている。寝たような寝てないような…。気晴らしに昼ムサシへ。2階をうろつき、文房具を買い、1階の花屋さんで花を。いったんPに出ると、すごい風と氷雨。帰ろうと思ったが、敢えてもう一度店内へ。マルとサクラのデンタボーンを買う。ずっと曇りで冷えがきつい。身体が辛い。汗をかいたらすぐに着替えないと、冷えて胃の働きが落ちるらしい。12時近くまでゲップがひどく、夜中を大分過ぎてからようやく落ち着いた。

2.1(金) ☁ <49　84/53　98>　35.3
朝は気持ちの良い晴れ、10時前には厚い雲。今日も冷え込むのかな…。連絡の取れない知人が二人。一人は晩、思い切って自宅へかけ安否確認。避けられているのかも…。ま、元気ならいい。一人は28日からぷっつり。コールはするが留守に切り替わる。都内…事故…病気…。家族と離れている人は連絡の付けようがない。心配は尽きない。昼前、風邪をこじらせ地元へ帰ってたという一報が入り、安心した。一人は辛いね。引っ越し時の書類等を整理する。嫌な思いをかみしめながら、シュレッダーに活躍してもらう。今ひとつ、病院に関するものにアレルギーを感じてしまう。気が落ちる…。

2.3(日)
朝氷雨や雪がパラ付いたそうだ。たまには陽射しがあって、すごし易そう。湯たんぽを買いに出る予定だが、おかん一人で行ってもらう。カーテン縫い、湯たんぽカバーetc.途中で疲れた。縫ったひもを一本、おかんが裏返してくれた。嬉しかった。豆まき、外はサクラ、内はマル。何十年ぶりかで、自分も歳の数だけ喰らってみた。モゴモゴしてるがお茶受けにはいいかも。カントにも少しおすそわけした。福が来るといいのにな。

2.4(月) ☁ <46　90/51　97>　35.1
朝5時半トイレ。10時までまた寝してしまう。失敗。めっちゃ寒い。あまりにも寒い。昨日の続きをやる。湯たんぽ入れはチャイナボタンに苦心。晩御飯の後、袋に湯たんぽを入

れ、ミシンで固定線を縫いこんで仕上げ。早速試運転。なかなか温い。ほこほこしていー感じ！！

2.5(火) ☀️☁️ <49 92/62 99> 35.2
目覚め良好。とてもいー天気。シーツ、湯たんぽカバーetc.洗濯。天日で乾くのが嬉しい。今日はモーリーさんの日だ。湯たんぽはまだあつい。電気毛布は止めにしようかな。まあ当分併用して、寝る前には切ることにする。身体の温度調節バランサーがどんどん怠けていくような気がする。夜寝付けないのが常習化しているので、今晩はとっとと寝る。夕方から少々のぼせ気味。台所で食べてると、いつも上だけあつくて気分悪くなる。風呂上りのせいか？ 血圧が安定しているときに食べたほうがよいのか？ 本当に台所は足元がうすら寒い。

2.7(木) 春節 呉先生より餃子いただく。

 ☀️☁️ <45 88/56 98> 35.5
朝ファンヒーターをつけてくれるのは嬉しいが、換気をしながら、でないと苦しくて目が覚める。というより、苦しい目覚めに…。夜、寝つきが非常によくない。あまり歩くことが無いので、体が疲れないから？ 本を注文し、エステサロンをネットでチェック。アーユルヴェーダをやってるお店を発見。大手店がざらにある中、個人店の素敵な試みには興味をそそられてしまう。自己コントロール、めっちゃ楽だ。口にだすこと、紙にかくことで表面化し、向き合わざるを得ない。そこが、一種の落とし、みそぎ、のようなものかも。自分が大好きーを実践せば〜。楽しむ！ 楽しむ！
呉先生からの春節の餃子、めっちゃ美味しかった♡ レシピが知りたくなった。

2.8(金) 武庫川大の山田さんに、漢方薬局の紹介を依頼する。

2.11(月) ☀️ <48 96/62 97> 34.92
ファンヒーターは朝かけるのはやめてもらう。非常に息苦しいのと、起きられないから。
今日は気分もいいし、久しぶりに鏡の前で、じっくりヌリヌリ。

はざま 61

服も着がえてフラフラ出てみよう。店へ行って、おかんに写真のプリントを頼んだ際、なかなかセンスが良いと、珍しくほめられ、キャノン5Dで撮れば、と使用許可をもらい、天気も良いことだしとルンルンで撮り始めたら、あっという間に4時！！
夜、プリントをごっそり持って帰ってくれた。ありがたい。おかんと新しい分野への話で盛り上がった。

A子撮　めじろ

2.13(水)　雪　ダイトウクリニックにてトラクリア、シルディナフィル受け取り。

2.15(金)　　☀　<46　92/60　98>　35.4
今朝は陽射しが強く暖かい。いい天気…であればいな…。
八朔を真っ二つに切り分け、鳥用に持って出たら、3匹にたかられる。よっぽどミカン好き？？
昼から、案の定風が吹き始め、雲が出てきた。ムサシへフェキサチーフを買いに行く。花屋でチューリップと青麦を購入。一気に部屋が春めく。
ちょっと緑味が強かったかも。寒いのでカントを部屋に入れてやる。しばらくマルとぐるぐるしていたが、ベッドの上で2匹まるまって爆睡！
ももこが惑星チョコを送ってくれた！！ ヴィーナスから食べてみた。甘さも程良く、あまりキレイなので食べるのが惜しくなる。ありがたや♡

2.17(日)　　☀☁⛄　<46　93/61　98>　35.10
今朝は昨日より冷え込む。寒気団の悪あがき？ 眠い。朝食を食べて、シーツ交換。おかんが三脚を貸してくれる。早速5D+300mmを据えて、のぞいてみる。非常にupでhappy。さすが300mm。日がさすときれいだけれど、梅の枝ぶりに阻

62　はざま

まれることもしばしば。おかんが何度もミカンの位置を変えてくれて、だいたいのpositionがOKに。めじろの2個体がやってきて、よくさえずる丸い子はミカン、細めの子はキウイ。食性が違うのかしら？ 窓を開けていたので、ファインダーを長らくのぞいているうち、体が冷え切っていた。昼ごはんを食べてから、横になる。反省した。適度に動く時間を決める。楽しく過ごしたいから。夜の食事も軽めに。7時半に布団に入ったが、午前2時前まで寝つけず。さすがにお腹がグーグーいったがそのまま眠る。

2.19(火)　　6:30p.m.大頭先生往診。

　　☀　＜44　90/60　98＞　35.4
今朝も冷えている。いつになったら春がくるのか。モーリーさんが来るまで、300ミリでメジロ、ヒヨ、ツグミを追う。最近サクラが吠える。要求吠えをしているらしい。無視をして矯正しないとな…。カントをだっこして、お気に入りのピンクのセーターに咬み穴が…。
少しドキドキ感があり、不安がよぎる。冷えは何事にも良くない。6時過ぎに大頭先生、安曇さん、佐々木さんがいらっしゃる。田寺のレンガ亭はおいしいとか、ラーメン、餃子はマンテン、王将等々楽しかった。明日は11時頃心電図と採血らしい。

2.20(水)　　　☁☀　＜49　87/56　98＞　35.6
珍しく7時半に目が覚めた。変な夢を見たからか。元彼が家事を手伝ってくれることに、"ありがとう"を言っていた。そうだ、おかんにも感謝の意をちゃんと伝えよう。今朝は暖かい。11時ごろ横田さんが採血、心電図をとりにみえる。彼女はこっとんの先輩にあたり、写真部だったのが判明。たぶん同じぐらいの身長で、共通の悩み（大きいという）を持つ人がいて、少しホッとする。高岡病院にいたよーと教えてくれた。止血帯（?）を忘れて帰られた。
昼からちょいドライブ。大津の方から的形辺りまでぐるっと。Voxで、でっかい封筒を買って帰る。夜はおいしいすいとん。とても温まった。嬉しかった。

はざま　63

2.21(木)　　☀　<48　92/60　97>　35.5
今朝も陽は強い。UVケアしないとシミが。数独をしながら寝ると、寝つきがいい。単に頭が疲れるからかも…。しばらくやってみよう。タンカンを新しいのに替えたら、すぐさまメジロ、ヒヨ、スズメ、モズとにぎやか。体調はまずまずかな。播州ハムの社長、ほりほりさんの姫路ガイドHPをみる。なかなか楽しい。
遅めの昼ごはんをすませ、3時にマルと家を出る。裏の公園で鳥をボケーッと眺めた後、のり子ちゃんちの方から河原へ。風は無く、しばらく歩いたら、頭が冷え過ぎて気持ち悪くなり、何度も立ち止まりながら、1時間かかって家にたどり着く。しばらくFreeze！　19時ごろおかんと、大津のYAMAMOTO洋食へ行ってみる。これは奥田さんの情報による。おいしかった。次回はコースを食べてみよう。

2.24(日)　　⛄　<58　88/58　96>　35.14
朝から非常に寒い。昨晩、あまりの冷え込みに、トイレへいったところ、ふと外を見ると、雪…。そりゃ寒いはずと布団にもぐりこんだけど、今朝は雪国のようなすごい光景！しかもまだまだ降り続き、結構寒い。昼ごろになってようやく、陽射しが融かしてくれた。が、にわか雪が何度も。風も強く、おかんはcoopへ買い出しに行けず。夜はお好み焼。身体がおかしくて、寒いのか、熱いのかが？？？
喉元も狭窄したような違和感あり。冷えていたのに気付かなーい。マッサージして寝る。シークレットウインドウ久々に見ておもしろかった。さすがジョニーディップ。

夢前川の雪

2.25(月)　　☀　<49　86/55　97>　34.97
昨日より格段に暖かい。一日穏やかな天気だと嬉しいな。身体のビクビク(喉)感はなくなった。微妙におかしい感じ。冷えは、適応力のとろくなった身体には非常に辛い。昼間、

64　はざま

ファインダーをのぞくのも、結構疲れてしまう。不安感から、自分がイラついているのがわかる。気をしずめて、"仕方ないでしょー"と思ってみる。寒い。足が冷たい。

2.26(火) ☁ ＜49　87/56　97＞　35.61
昨日の喧嘩で後味が悪い。母のスタイル→自分のやりかたがイヤなら、止せば、という考え方には、私はついていけない。どうしたらいいかを考える方が、私は好きだ。"自分も工夫する"ことが、ヒトとうまくやる方法だとおもうが…。
夕方、TELで淡路旅行(3月25日の誕生日)の相談。夜、カントのFaxをA1に大きくして持って帰ってくれた。
スゴク良い！　自画自賛！
壁に貼る。おかんと少し仲直りかな…。ありがとう。イライラはいかんなあー反省。

A子·画　カント

2.27(水) ☀☁ ＜56　89/57　97＞　35.31
久々にお腹がすいた感あり。目覚めもそこそこ。天気も○。また崩れるだろうけど。モズとヒヨが縄張り争い。さらに、ヒヨと旅鳥、(たぶんマミチャジナイ)がみかん争奪戦。ヒヨが制してマミは飛んで行ってしまう。ボケボケ写真撮れたので、今度三木さんに見てもらおっ♡
やはり寒いので、おかん直伝の小カイロを入れる。お出かけしたいが身体が疲れてしまいそうなので、ぐっとこらえる。

はざま　65

3.1(土)　　　＜48　91/52　96＞　35.1

今朝は少し暖かめ。うれしい!! ここのところお腹が空いた感じがない。下腹も張り気味で、ますます若しい。眠い。それでも体操とフラフラは欠かさず。久々にマルとサクラがVS. どちらも譲らず、まあいいか…。栗の皮まで食べようとするサクラ。何か物悲しさを感じる。ご飯を食べて本を読む。ドキドキ感があり、外へ出るのを躊躇する。浅い呼吸をしがちになっている。胸をはって腹式でいかないと。夜もやはりお腹がはる。若しい。

3.2(日)　6:00p.m.　西村屋でカニのフルコース。A子、3分の1も食べられない。

　☀　＜55　88/60　96＞　35.04

昨日に引き続きだいぶ春めいてきた。起きやすい。頭が重い。久しぶりで生理痛の感じ、と思ったら本当にやってきた。やっと体と頭がシンクロしたようだ。昼間ぽかぽか。いつもごはんに気をつけてくれて、おかんありがとう。
夜、西村屋でカニのコースを食べる。生のカニが美味しかったが、今の私には、カニ鍋、カニずしを食べきれなくて、板前さんに悪かったなぁ。帰ると、案の定、マルとサクラがフンフンしてきた。美味しいにおいが指先に染み込んでいるから…。マルと、みかんと栗を分けて食べた。今日も幸せだった。

3.6(木)　　☀☁

ここ2日さぼる。寝過ぎている。Mixiデビューした。懐かしい人がいればいいなあ。いやいや新しい出会いがあればいいなあ、だ。2日続けてお出かけ気分をつぶす寒さに閉口しつつ、庭に出てみた。が、すぐダウン。虫もすごい！ 風が無くて暖かいときのみ出現。冷えてくると、消しゴムでこすったかのように、一気に消えてしまう。
マルもカントもさくらもゆったり。私もゆったり？ いや、少しぼけてる…。明日からまたしっかりしよう。

3.9(日)　京都南座へ昆劇と玉三郎の共演"牡丹亭"を見に。

　＜57　90/61　96＞　35.05

今朝は5:30、6:40ときて、7時20分に目が覚める。良かった。玉三郎の昆劇を見に京都南座へ行くので、早起きした。

3.10　　　日本新薬が肺高血圧症の新薬NS-304(注7)をアクテリオンと共同開発中とのニュース。しかし、まだ、臨床段階にはほど遠い。がっかり。

> 注7：NS-304
> 日本新薬株式会社　開発中の薬
> 　　NS-304(セレキシパグ)経口剤・未承認・肺高血圧症・第Ⅱ相(国内)
> 　NEWS 2009(2009年07月17日)より
> 　　肺動脈性肺高血圧症(PAH)治療剤(開発記号：NS-304)の、欧州における前期第Ⅱ相臨床試験終了と第Ⅲ相臨床試験移行のお知らせ
> 　　日本新薬が、昨年4月にアクテリオン社(本社：スイスAllschwil, 最高経営責任者Jean-Paul Clozel, M.D.)と導出に関するライセンス契約を締結した肺動脈性肺高血圧症(PAH)治療剤(開発記号：NS-304)について、アクテリオン社が欧州で実施していた前期第Ⅱ相臨床試験が終了し、第Ⅲ相臨床試験へ移行することになりましたのでお知らせいたします。……
> 　　　　　　　＜www.nippon-shinnyaku.co.jp/topics/ns2009/2000＞

3.11(火)　　☀　＜59　91/58　97＞　34.92
とてもあたたかく動きやすい1日。昼前に大頭先生のところへ。順調ですなーという話。ベラサスとトラクリアだと、トラのほうは、肝臓にかなりの負担をかけるらしい。血液検査では、とくに異常もなし。鼻血は止まらんと文句を言っておいた。

3.12(水)　　☀　＜55　96/59　97＞
今日もあたたかい。春絶好調なのが嬉しい。久しぶりに歩いた余波襲来！　楽しかったから仕方ないか。ちょっとボーッとしているが、まあまあ。庭でカントが切れ端遊びを楽しんでいた。お腹周りにだいぶ貫禄が。みなよ曰く、高見盛だって…。あっそうそう、そんな感じ、とうなづけてしまう。ちょっと餌を絞ろう。モーリーさん来ると、マルは大はしゃぎ。嬉しくて仕方ない様子。あまり飛びつかないようにしないと。

3.13(木)　　☀　＜55　96/52　97＞　35.1
朝、D時計の室内温度は15℃。ようやく普通に目が覚める。カントの餌は手つかずのまま。8:45頃レクサス取りに来る。12:30戻ってくる。暖かいのでお出かけしてみた。明石まで行く。学校で先生方と話す。イナミ谷にカシマ…?さんという書家のすごい人がいらっしゃるそうな。調べたら、先生がCDをくれるそうでラッキー。行きかえりとも、道路は順調でよかった。カントはやはり帰っていない。マルがいつもカントの

居る辺りに行っては上を見上げている。切ないなあ。夜、家の裏手でニャゴニャゴと春のうめき声がきこえた。2〜3頭いたみたい。心配！

3.15(土)

今朝5時、おかんと矢部さんファミリーで甲府へ荷物の運び出しに行ってくれる。いいお天気でよかった。昼から本の注文に井上書林へ行く。トイちゃん？という高2の不思議な子がいた。郷土史命、写真好きだそうな。先々楽しみ。ほんとに気持ちのいいお天気で良かった。

3.16(日)

今朝は昨日より少し冷えている？ 温度は高いけど。
おかん、夜中の1時ごろ帰宅したそう。ありがとう！！
昼から、ヤマダであまおうを買って、矢部ファミリーのいる太子町へ。おばちゃんの笑顔と話術に引き込まれる。雑貨漁りがすきなこと、娘さんが小さいものをつくること、ハイエースで知床へ行ったときのこと等々、本当に楽しかった。はるちゃん（息子さん）も大変やさしい2児の父。まったくもって、このファミリーにはお世話になり通し。ありがたい。
まだカントは戻らない。

3.17(月) ＜53 89/57 97＞ 35.3

ここのところ、朝すっかり忘れている。ちゃんと付けなくては。久しぶりにデジカメを持ってお庭へ。いつもならカントがひもにじゃれついて遊んでいるところなのに、いない…。マルとサクラはおやつ欲しさに近寄るが、後は大して動かない。目を凝らして植物の芽やつぼみを撮ってみたが、やっぱりいまいち感動がうすい。カントが虐待する人や殺す人について行っていないことを祈るばかり。やさしい人について行って、たくさんご飯食べてたらいいけど…。確実におなか減ってるもの。

3.19(月) 風強し ＜50 89/51 97＞ 35.3

朝から冷えている。風切り音が非常に耳につくほどの強風、そして雨。ガスファンヒーターが一向に威力を発しないほどのスキマ風。18.5℃から上を指さない。連日の陽気に慣れだ

した身体が、冷え切るのが分かる。動くように心がけよう。
陽子おねえさんの結婚式に出て、おめでとうの寄せ書きをしている夢をみた。メガネをかけた優しそうなだんなさん、と、6/26という数字。

3.22(土)　　彼岸参り

昼、おかんと名古山へ行く。久しぶりに、おじいちゃん、おばあちゃん、西井の大叔父、大叔母、そして杉山のひいおじいちゃんのところへ参る。とても良いお天気で、さくらが咲く準備をしていて、パンパンに。帰り、サンスタさんへ寄る。淡路の話をすると、陶板で世界の名作を一堂に集めたレプリカ美術館へ行っておいで、と…。中村社長、少し顔色がいい感じを受けたけれど、残りの分の検査が24日にあるそう。痛い思いをされなければいいのに。

3.23(日)　　　　＜53　94/60　97＞　35.18
曇りで肌寒い。中村社長に写真見てもらった♡♡"不生仏心"とてもスッと入っていける写真だとほめていただいた。大変＊10　嬉しかった。たくさんたくさんお話を聞いていたかったなあ。ご自身明日検査なのに、大丈夫だっただろうか。私も少し配慮が足りなかった。反省！
夕方、エルザ動物病院へ、マルとサクラを預けに行く。サクラはやっぱり、ケロヨーン、車の中でどっさり戻した。

3.24(月)　　南淡路のホテルニューアワジへ。2泊して26日戻る。

明石海峡大橋

10時半ごろ出発。山陽道から回り込む。高砂で事故渋滞だったので、ちょうどよかった。おかんに運転してもらったが、やはり途中でいらいらして、運転代わる。お目当ての猫美術館、

はざま　69

休館日。アロマオイル、ハーブを買い込み、ホテルへ。部屋はSpecial Sweet Roomだそうで、Sun Setはめっちゃキレイ!! が、アメニティはダメ。そろそろ改装が必要では…。

3.25(火)　A子、34歳。4年目

朝バイキング。とりあえず腹ごしらえをして、大塚美術館へ。巨大な陶板を焼く技術と、地元への貢献度の深さを垣間見た。すごい!! モネの睡蓮は、屋外にあって、すばらしいが明るすぎてNG。シェードがあればなあ。ゲルニカもよかった。1日じっくり見たいかな。お昼にわかめうどんを食べて、ネコ美へ。ヒトとのつながりを感じる作品に、とても楽しく、哀しく、作者の感じたものを受け止めることができて、新鮮だった。

A子撮影 "見えるかな"

3.26(水)　

昨夜のタマネギスライスが胃に負担…。やっぱりダメかー…。甘くておいしいと思ったけれど、身体はNGを出した。10時チェックアウト、おかん運転。高校野球を聞きながら帰る。途中、津名一宮で降り、タコの里で大量に買い物。さらに、北の端の道の駅で、タマネギの酢漬とタマネギを買い込む。昼ごろ姫路着。ヴィーゴで気まぐれパスタを食べる。手長エビ、アサリ、ホタテ、パスタは平べったくて楕円状。おいしかった。津川雅彦さん似のオーナーだった。夕方、1時間待ちでエルザさん。マル、サクラをお迎え。夜、足裏をアロママッサージ。

A子画 "いろはテン"

3.27(木) ☀ ＜51　96/66　95＞　35.6

朝すっきり目覚めた。イランイラン、月桃の香りが良かったなあ。ラベンダーは少々トイレチックだが、allにgoodなので外せない。入れる量を加減しよう。
マルとサクラの毛すき。2頭のマーキング合戦に水まきで応戦。アグロへ出かけ、カンガルーボーをget。土を買わなければ。おかんが無い無いと騒いでいたデジカメを車の座席下より発見。
夜、牛さしを食べに出る。お腹の不調に、完食できず。ホウレンソウスープ美味しかった。お腹のガスが出るのにやたら時間がかかる。

3.28(金) ＜51　92/59　97＞　35.3

だいぶお腹のはりがなくなってきた。夜中にガスを大量放出したら、かなりスッキリしてすぐおちた。食事はこのところ細くなっているのだから、それ相応に食べる。基本：温かい汁物・炭水化物・高タンパク・野菜、果物。このルールを破るとつらい。
今日は暖かい。マルとサクラ、ヒヨの食べ落としたリンゴの残がいを巡ってにらみあい。そろそろ生理なのか、頭の機能は下降気味。洗ってもらったズボンを取り入れるのを忘れ、そこから、一体どうしたいのか、人生の指針は無いわけ？と声高になじられ、動悸。気持ち悪くなる。でも、大丈夫？の声もなし。元彼と同じ。びっくり。

3.29(土) ＜57　93/63　96＞　35.28

言うことは言うわりに、こうしてほしいと言うと、そんなの出来ない、無理、子供かおまえは…。うちのおかん、少しは努力してみてくれと思う。聞かなくてもわかってることを他人にやたら聞いてくるのに、肝心な如何すればいいのか、を聞くことはしない。できないし、興味がないから、ヤラナイ！　子供のころから、そういうおかんの行動をつぶさに見ている。私がおこなってきたこと、他人に指摘されたことは、おかんに対して自分が思うことと同じ。30過ぎにもなって、人のせいばっかりにしてとおかんは言うが、結局そうだったんだね、と話してるだけで、どうこう責めてるわけでない。親子はやっぱり似ちゃうといって笑って終わる話なのに。男寄りな考えを持つ人なのが、改めて分かった。女性として助けてはくれないことも。

はざま　71

4.3(木)　　☀ ＜49　91/60　96＞　35.2
朝早く目覚めるが、2度寝…。いかんいかん。アニマルメリーランドさんへTEL。かからないので、メール打つ。
夜、おかんに運転してもらって、名古山、手柄山、夢前川沿いを夜桜見物。但し、寒いので車内より。山の上はまだ花が少なかった。

4.4(金)　　☀ ＜49　91/63　97＞　35.4
昼前にTELしたら、アニメリさんとつながる。代表の方のNoを教わり、午後出かける。民間の方の出来る限界を見た気がした。ネコは大きいのばかりだったが、成猫に近い中から、一番やんちゃで面構えのいい白黒に。来週火曜手術、水曜に家へ来る。

4.5(土)　　☁☀ ＜54　91/59　97＞　35.2
朝、ゆきちゃんがメールをくれた。嬉しかった。いい友達になれたらなぁ…。
白黒ネコ用のねどこは、あまおうの大箱に。洗濯しまくった赤い毛布をしいて、かごもきれいにしてマルのケージの上にセット。
昼から呉先生のところへ。混んでいて、信号3回待ち。1時間近くかかって到着。大変だった。
夜、マルが戸口でおしっこ、さらに部屋のごみ箱にもおしっこ…。

4.9　　トラクリア、シルディナフィル受け取り。

名古山へサクラを撮りにいく。仏舎利塔の前のPに車を止め、少し登り坂を上がり、小学生以来？じっくり眺めてみた。この景観は、霊園というよりは、桜の公園のようだ。桜吹雪に何度か遭い、通行人の誰彼にお城を入れて撮られましたか、と声をかけられたり…。お弁当をひろげ、お花見に興じる人々もいて、とても円満な時が流れていた。共同墓地へ参った時、喜安さんとお姉さんにばったり!! 非常に嬉しく、気にかけて下さったその気持ちに感謝！

4.12(土) ☀☁ <51 87/53 98> 35.64
花曇り。ファンヒーターなしで、部屋の中が20℃をKeep。
今日は呉先生の日だ。先生の息子さんは文遥という名になるらしい。すてきな人間に育つだろう。夜、ヤマトヤシキの蓮という上海料理屋へ。内モンゴルの包君と彼女の文ちゃん。彼女はとても日本語が上手。犬ネコが好きで、馬に乗り、お酒はビールなら3〜4本。二人で力を合わせて頑張ってほしいなあ。ちょっぴりうらやましかった…。

4.15(火) 石和のマンション返還検査に矢部さんと立会うため、甲府行。

 ☀ <51 97/68 97> 34.85
おかん、午前5時に山梨へ。矢部さんと行ってくれる。タケノコ、あく取りきれず、消化不良。モーリーメイドさんのそうじ、やたら私の部屋は早い。いつものおばちゃんたちがいいな。3時過ぎ、久々に、にじにじ!! 偏頭痛がきて夜7時までdawn。ほんとに痛い。薬を自由に飲めないのが辛い。

A子撮影 "にらめっこ"

4.17(木) ☔
まだぼーっとしている。サンドのDVDをみてみる。半端な感じでやっぱダメ。プロ意識の弱さにカチンとくる。同じ感じの芸風なら、東京ダイナマイトの方が断然面白い。よく降る。中村さんに貸していただいた秋山正太郎の写真集にヒントを得て、撮ってみる。ちょっと寒い。やっとアニマルメリーランドさんからTEL。検査の結果がOKにつき、明日の午後ネコが来る。

4.18(金) ☁ <50 87/58 97> 34.97
うすら寒い。5時ごろテンちゃん来る!
とたんにマルと大喧嘩、おびえる。ごはん、ほとんど食べない、トイレもダメ。

はざま 73

4.19(土) ☁ <49 88/57 95> 35.0
弱ーいテン。マルとものすごくケンカしてたけど、後足がベタづきなので、高いところへ飛びあがって、逃げられない。とてもふびん。夜暗くなると、よく頭をぶつける。アニメリさんのケージの中で、ずっとしゃがんでいたからかな…。でも、ごはん食べた、トイレした、よかったー！

4.20(日) ☀
よく晴れる。テンちゃん、ちょっと慣れてきたみたい。朝、布団干し、カーテン外し模様替え、お掃除。おかん、お疲れ。昼はうどん。ムサシでいろいろ買って、矢部さんちへ。とっても元気そうなおっちゃんを見て、少し安心。帰って、片づけ、おかんは疲れがピーク。東さんのおすしで晩御飯。シャリを小さめにしてくれて♡

4.21(月) ☀ <59 93/62 98> 35.3
マルは今朝も、おかんに捕まらなかったみたいで、お散歩なし。かわいそう。マルと一緒にいる時間をたくさん持とう。吉田眼科へ行く。写真のお店やめたん？と聞かれ、まだやってる、と答えると、2Lでお願いとカワセミのポジお預かり。先生は本当に好きなんだなあ。
おかんにポジを渡した後、眼鏡市場へ。フレームにレンズ各種で18,900!! 近視の強い人たちにはとっても心強い。デザイン性のあるものも沢山あって、手に取れるので、とてもありがたい。赤にした。夜、お肉焼く。喜安さんちのレタス、おいしかったー♡

4.26(土) ☀ <55 101/69 97> 35.20
3時から中国語講座。楊先生が代わる。発音の仕方がとてもきれいで、わかりやすく、丁寧。10年選手のおかんと一緒にやっても、読み方すら分からない私には？？？ 最近とてもつまらなく感じていたので、月曜日、楊先生に教えていただくことに。頑張ろう!!

4.28(月) ☀ <49　96/64　96>　35.2

非常にだるくて眠い。疲れているのか、何なのか…。大河内伝次郎さんの名が出てきて、なぜか、ナンちゃん達と黒ビールの手配に走り回り、動く仏像を描いた私の画がどこかの冊子に載っているという、よくわからん夢をみた。途中、夢の中で泣いていたようだ。朝、目が腫れぼったい。楊先生に、お休みの連絡。

4.29(火) ☀ <54　95/64　97>　35.04

暑くなりそうだ。9時半頃、中村ママからTELあり。すぐ車が着く。三人で和気清麻呂の神社へ。藤の花にもいろんな型や種類が…。中国産は花が大きく、房がブドウのようにモコモコ。やはり、スレンダーなほうがきれい。白、ピンク、紫、青紫と、4分咲きながら美しかった。日生のお寿司屋さんで、鯛茶をごちそうに。中村パパのうな重、最後に出てきた。帰り道、ママさんがコメリでヘンリーフォードという黄色いバラを買ってた。全ての苗が安くてビックリ！

5.1(木) ☀☁ <52　94/63　96>　35.31

非常に眠い。昨日の暑さがこたえているようだ。陽が射さないので、23℃あるのにうすら寒い。右足の太ももが痛む。またか！ 頭がチーンとダメになるからか、寒い。夜、大頭先生、お土産を持って現れる。旅でリフレッシュされたらしく、お元気そう。徳島の出身だけど、泳ぎはダメ。"大人の階段"の遠泳は、しめこみまでしてもらったけど、やっぱり怖くて止めたらしい。60年代、70年代安保の話や、3晩ぶっつづけの外科演習、月80万稼ぐために週4日泊まり込みで頑張ったそうだ。

5.4(日) ☀

日中庭いじり。午後疲れて昼寝。おかん、買い出し。
山田さんのおばちゃまが夕方寄って下さる。ルンバを持ってきて、見せてくれた。少し太られたかな？ 就活担当で頑張ってるそう。おすしをとって、ごはん。

5.5(月) ☁

ジメッとしている。3時頃、おかんが買い物に誘ってくれる。

はざま　75

山陽デパートへ。MAXではめぼしいものがなかったが、タンクトップと白のカーデ。バーバリでビビッドカラーのポロを見つけ、ベージュ、ピンク、カーキのポロをget♡。ラッキー！おかん、ありがとう。さらに、洗い替えのガウンも買い込む。帰り、眼鏡市場、サンドラッグによる。サンへ行く途中、ワイパーがきかないほどひどい降りで、しばしボーゼン。すぐ止んだけど。

5.9(金) 姫路菓子博へ自転車2台で出かける。A子、電動自転車でも、本町の店からシロトピア公園までの15分が辛い様子。会場内散策は10分あまりで、何も食べずにゆるゆる帰る。

朝からおかんと電動チャーリーで菓子博へ。混んでいるので清水門から。暑すぎずちょうどいいかと思ったが、若干寒い。日本全国の菓子を集めたパビリオンは、通り抜け、ひたすら出口をめざす。埃っぽいし、むしむし…。外気の通う小屋をちょこちょこ冷やかして、さっさと帰る。
アグロによって、トマトとトウガラシの苗を買った。プランターに植えてちょっと寝て、夕ご飯のころから左胸痛。気持ち悪い。やっぱり血行不良？足をいろいろ動かして凌ぐが、結局、中野看護師さんに来ていただくはめに。心電図とってもらう。すみません…。

5.11(日) ☁ ＜66　97/59　96＞　35.82
風強い。晴れ間のぞくもすぐ曇る。気温低い。一日中身体の調子×。風邪かも…。口内炎はひいてきた。おそうじ→模様替え（カーペット）母の日なのに申し訳ない！せめてもの感謝のしるしに、カードを作る。かねてより辞書にはさんでおいた四つばのクローバー。少しはうすくなったようで、まずまず。夜、エアコン入れて（22～23度設定で）18度くらい。風があるとかなり冷える。

5.14 BNP：672.8

5.15(木) 🙂 ☀☁
久しぶりに美容院へ。髪すっきりして気持ちいい。
夜、のどがいがらっぽい。

テン、本のカゴの上でマーライオン。さらに夜中にマーライオン。2時ごろ寝たのかな。

5.16 (金)
頭がボーッとする。動いてないせいかな…。PLを飲んだ。
テン、めっちゃよくご飯食べる。良かった。
だるい。3時前に、喜安のおばちゃん、いちごやレタスなどの自家野菜を持ってきてくれる。ボーッとしているので、またゆっくり寄ってもらおうかと…。しんどい。

5.20 (火) 山田さん紹介の、神戸 漢方薬局けんこう屋の予約日。
車で神戸楠公北まで行く。症状の聞き取りを経て、漢方薬の処方をしていただく。
ホテルオークラ泊。明日はルーブル展に行く予定。

 <49 96/56 98> 34.94
今日は神戸のけんこう屋薬局へ行くので、頑張って用意をする。11時出発の予定が、ノロノロして30分遅れ。2号線で走る。暑くて途中イライラ…。明石で久しぶりにラーメンを食べる。2時過ぎホテルオークラ着。部屋は30階。眺めは最高、東向き。ポートアイランドがよく見える。ここからタクシーでけんこう屋の松原先生のところへ。ゆっくり話を聞いていただき、あれこれアドバイス：自己免疫疾患、肝機能について、水毒、糖のとりすぎでむくみがくるetc.おかんもりウマチの処方してもらう。夜、おすし。

5.21 (水) ルーブル展、あまりに混み合っていて、空気悪く、A子気分が悪い、と早々に退散する。やっぱり、人混みの中はダメ。

5.23 (金) <52 98> 34.9
雨の前か、蒸し暑い。非常に気持ちの悪い感じ。2度寝してしまい、ショック…朝、食パンにチーズ、牛乳、ヨーグルト、ブルーベリー、キウイ。パンに卵のせた。食べるとあつくなる感覚。消化、頑張ってくれているらしい。いろいろ気をつけてる。
久しぶりで組みひもを取り出し、セット。やり方を思い出しながら、完結にむけてチビッと。

はざま 77

5. 26(月)　　

楊先生に、毎回発音をチェックしてもらうことを提案。とても喜んでくれる。最初が肝心だと、二人で熱くなる。zhの音の確認、しっかり聞いてよかった。

5. 30(金)　　　　<56　102/70　98>　35.12

昨日のが祟ったせいか、マルは朝散歩なし。庭にポツンと残されているマルを連れ出してやる。昨晩夜中中、庭に出されていたマル。よしよししてやらなければ。人の都合で、たたいたり、手元に引き寄せたりでは、動物もなつかんのになあ。おかんは疲れがたまると、そういう所にヒスるからほんとにたまらん。触らぬ神に祟りなし…は正解か。

6. 9(月)　大頭先生、11:30a.m.〜12:30p.m. 診察　BNP：650.6

　　<66　97/66　95>　35.01

蒸し暑い。非常に眠い。寝冷えかも。午前中に予約入れてたので、ダイトウクリニックへ11時過ぎ、電動チャーリーで行く。1時間待ち。ものすごく欠伸がでる。血圧低すぎ。済んでから、美津好でごはん。少なめにしてもらって初めて完食できた。うれしい、おいしい　おかんの店で少し休んで、楊先生のとこへ。易しい例文の練習をした。夜、キスのてんぷら、美味しかった。もう少し食べたかったけど、まだ調子悪く、がまん。

6. 13(金)　　　　<48　104/57　98>　34.81

さわやかな朝。昨夜よく眠れなかった。今日はおじいちゃんの命日。もう20年経つのか、早いなー…、11時にエルザさんでマルのフィラリア予防の予約をした。
血液検査ok。半年分のダニ予防用フォトレオンもらう。
夜、12時過ぎごろ、にじ＊2発生。ひどい頭痛、最悪、偏頭痛！　ロキソニン＊2飲む。

6. 14(土)　1:00a.m.A子頭痛がひどい。ロキソニン効かない。何か良い薬は無いのか！

6. 15(日)

少しまし。ドキドキ感も減る。少々頭がふらつくが、快方にむかっている。

78　はざま

午後6時、サクラ、テン予約。5時過ぎエルザさん前到着。早過ぎっ！ 駐車場大混雑。辺りをぐるっと一回り。5時半過ぎやっとPに入れ、しばらく外で待つ。おかんに受付してもらう。サクラは外で大、テンは鳴きっぱなし。なぜかサクラ、狂犬病2回目、かわいそう。おかん、忘れたそうな。テン、検便、耳みてもらう。おとなしくてよかった。日下先生、若い方だった。

6.17　　有馬へホタル狩り。"奥の細道"泊。食後、裏の川べりにちらほら小さなホタルが舞う。数は少ないが、一応いいムード（渓流に蛍）。

6.18 (水)

三田アウトレットへ。ナビ役立たずで、再三人に尋ね回る。わかりにくい場所にあり。そこそこ御殿場の半分くらいかな…。色々買ってもらう。ポール・ジョー、ロロ・ピアーナetc. おかんはエドウィン。

6.21 (土)

────── 呟 き ──────

矢車菊

中庭の小路を

濃淡入り乱れて彩る皐月

六月柿（トマト）の青みに

梅天恨めしく水無月

蛙臥したる羊草

麩に群がる金魚群

主役居らざる山小菜（ホタルブクロ）

件の長雨

晴れ間恋しい　幻女

（＊この時期A子はプランターでミニトマト栽培）

はざま　79

6. 24 (火)　今日から沖縄の〝ノニ〞ジュース飲み始める。

6. 29 (日)　おかん少々お疲れ気味。私も湿気でグタグタ…。つらい。
2時から調律。夕方までかかる。2つの音が湿気でやられている。

6. 30 (月)　＜64　86/56　97＞　35.52
久しぶりに爽やかな日。風が吹く。湿気が70%以下なので、非常に楽。昨日は70をはるかに超えて、ひどかった。
〝ノニ〞を飲んでいると、朝、少し楽かも。

7. 3 (木)　＜57　92/62　96＞　34.7
朝やはり、トイレより眠気が…。無理やり起き、バナナ、ミロ、ノニ、ローヤル、薬セット。
今日も気温が上がるそうで、かなりつらそう。ジーパンほしい。
明日晴れる？今日の午後、元気だったらキャスパへ行こう。

7. 5 (土)　＜47　92/60　96＞　35.2
朝5：40トイレ。寝苦しくて、寝付いたのも遅かったのに、何度も目が覚める。変な夢をみて疲れた。久しぶりにマルとサクラがバトル。おかんが大事に育てた朝顔を破壊！
ジーパンを買いにアメリカヤへ。シャッター街の中で開いててほっとした。いろいろ話をして、麻と綿をそれぞれ1本ずつ。
薄手のバギー。久々のジルボー♡

7. 7 (月)　大頭先生　p.m.　受診

＜59　85/52　96＞　35.06
喜安さんのおばちゃんTELくれた。嬉しかった。おねえちゃんも、側湾症なる難敵に苦しめられてるそうだ。辛いだろうな…。
3時から楊先生。もっと発音頑張ろう！　そのままダイトウクリニックへ。
BNP：650とか。少し下がる。まあ、こんな感じかな。

80　はざま

7.11（金）　

おなかがはって苦しい。消化不良？朝スッキリしない。昼間も…。昼休みを利用してターボーがTELくれた。久々に楽しく話せる。串やの大将とは途中で切れた。電源持ち歩けよーと思う。まあ元気で何よりだ。
夜、ヘビーなメニュー。おかんと意思の疎通ができてないせい。ちょっとイライラ。まあ事なきを得て、ホッ。

7.12（土）　　＜48　96/55　97＞　35.03

夜中、湿度高い！！！夜中のストレッチが効いたのか、朝、トイレに行けた。汗かいて冷えるとダメみたい。ごはん時のクーラー（ドライにする）は避けるべし。上に何か羽織らないと痛い目にあう。
昼から、店へ行くと、芳賀のおじいちゃまに会った。私の写真、一ついいのがあった、とほめて下さった。撮りためてたうちの一枚。
嬉しかった。ルンバ、毛を吸い取るのは苦手？ベッドの下で止まり、ひもをかけてひき出す、しんど。

7.14（月）　中村昭子さん、まきさんと有馬へ。4人で"奥の細道"に1泊。A子、割合食が進む。

7.15（火）　帰り道、神戸の花鳥園へ寄る。暑さ酷く、A子かなりへばって、備え付けの車イスに乗る。蒸し暑さは大敵。

花鳥園のすいれん

はざま　81

7.18(金)　　　神戸けんこう屋さんより、漢方薬着く。代引きで支払い。

7.20(日)　　　☀ 非常にあつ〜い！！
　　　　　　夜中暑くてめざめる。耐えきれずに、除湿を入れてもう一度寝ようと試みる。
　　　　　　朝久しぶりにおかんと二人で食べる。片づけて部屋にもどる。暑い。蒸し暑い。8月のような暑さに閉口。へやをコロコロしてると、おかんが掃除機をかけてくれる。しかしながら暑ーい！！
　　　　　　夜、TVでタヒチアンdanceを見る。すごいっ！ あの腰の動きはすごすぎる。暑くてあまりよく眠れず。

7.21(月)　　以降、 A子頭痛酷く、食欲不振。

8.2(土)　　　☁ ＜48　86/55　96＞　35.4
　　　　　　昨日もなかなか寝付けず。今日は朝からくもり。少しは過ごしやすいかも。セミの大合唱だ。

8.7(水)　　　大頭先生、診察日。
　　　　　　生ローヤルゼリー取り寄せ。

　　　　　　　　☁☀　＜68　91/58　96＞　35.69
　　　　　　肝油、生ローヤルゼリー始める。
　　　　　　11時過ぎ、ダイトウクリニックへ。熱中症だったとか。暑さと強い光が厭だと伝える。

8.8　　　　　血液検査

8.9(土)　　　　☁　＜47　92/59　96＞　35.42
　　　　　　昨日、オリンピックの開会式を少し見た。チャンイーモウ監督はさすが！！ 巻物と中国4000年の歴史をあざやかに描き出して、美しかった。
　　　　　　朝早く目が覚める。おかんは子育ての話になると、少々キレ気味になる。
　　　　　　以前、責任は親にもあると、私がしつこく言ったから…。

8.11　　　　BNP値：975　CHE値：159　クレアチニン値：0.91

8.16～24 休業してA子と共にハウス。

8.19(火)   ☁☀☂ ＜53 91/51 96＞ 35.61
朝から蒸し暑ーい！ ゆっくり深呼吸→朝の体操はやるべき、
というより続けるべきだろう…。前を見て歩く！！
夜、ごはんの後、どうもお腹がはって苦しい。胃腸がお疲れな
のか。夜中、息苦しくて、目が覚めまくる。体操したり、白湯を
飲んでほぐしてみる。2時過ぎ？ようやくねむれた。

8.23(土) I子、2:00～3:30p.m.神戸臨床研究情報センターにて、阪大皮膚科
玉井克人先生講演 "難治性疾患に対する再生誘導医療" 聴きに行く。

8.24(日)
―――― 呟 き ――――

横たわり　透かし見る暗闇に

静かなる　魚鱗きらめく　天涯の海

駆けあぐね　捕え損ねの　鬱憤に

畳バリバリ　狸寝入り犬

逃げおおせ　したり顔して　毛繕い

高見の見物　欠伸猫かな

8.28(木)   ☀ ＜46 93/56 96＞ 34.9
昨日から、ウオーマーを膝中心に変えてみたら、ちょっといい
かも。
夜、寝る前に"ノニ"を飲むことにする。冷たいもの、熱いも
の云々カンヌン考えることが、一々小さなストレスになってい
るようなので、やめてしまう。冷→温だけは守ろう。
朝からしとしと降り。身体が、ぶりかえしの暑さについていけ
るかな。雨のおかげで、マルは朝からinしてもらえて、テンと
走り回っている。

8.28(木)

> ── 呟　き ──
>
> 蒼空や　蒼より出でし　諸人は
>
> 何処へ向かう　畢生の星

8.29(金) 　☁️☔　　＜50　87/58　96＞　35.5

なかなか寝付けなかったのに、6時過ぎに目覚める。リアルな夢を見る。日英野球戦：相手が打って客席に飛び込んだフライを、そのままキャッチャーに投げ返し、バッターアウト。それだけで10点も入る。何だそりゃ…。英の記者たちと日本の記者で、明日の朝刊が楽しみだとも。うち一人の、チノにシャツ、モカシンの記者。なぜか私の目の前で後ろ向きに座っていて、しばらくすると横向きになり、少し照れくさそうにしていた。和製ベッカム的な人だった。なぜかとても安心してた。

9.2(火) 　☁️☔☀️　　＜52　87/58　95＞　35.4

ムシムシして寝づらかった。疲れる。夜は温度も下がらず、つらかった。昼、おかん戻る。モーリーさんの日。14:30頃終了。4人で来てくれた。マルは目下8.4kg!! デブリンにつき、間食は控えることに。持ち上げてみたら、ほんとに重い。
夜、カレー。エアコン、おかんは暑いし、私は冷えを感じるしで、どっちつかず。食べてる途中で、胃が動きを鈍らせてる様子。夜中過ぎまでゲップが止まらなかった。
ハラマキ洗う。

9.4(木) 　☀️　　＜50　　　96＞　35.50

10時に目が覚める。非常に眠たい。ここ一週間以上左肩の肩甲骨の付け根あたりに鈍痛。筋違い？？
風があり爽やか。陽射しは強く、庭に出たが即退散。
あぶないあぶない。

9.6(土) ☀ <47　92/61　96> 35.23
夕方4時半ごろ、山崎へアユ尽くしを食べに出発。太子へまわり、矢部夫妻を誘って行く。鮎三昧美味しかった。デザートもまずまず。も一度来てもいいかな。

A子落書"あゆゆ"

9.8(月) トラクリア、シルディナフィル受け取り。診察なし。

9.10(水) ☁☀ <49　91/57　96> 35.0
朝の気温、昨日よりも低く、秋を実感。少々ボーッとする。風邪かも。夕方ひどく眠たく、2時間程ねる。廊下の窓際のサッシに花びんを置き、偶然できた影を撮った。静かな形にとてもしびれる。

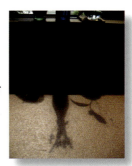

9.11(木)
―――― 呟　き ――――

姿なき　涼気つくるは　彼のものか

仲秋の月に　邯鄲の啼く

9.12(金) ☁ <47　92/54　95> 35.28
家から出るのがちと億劫になってるかな。好みの服がないのも大きなファクター。気持ちが凹んだ病人には、普段自分が行動していた、なじみのある場所で、うごめくのが一番楽。姫路はサッパリ…。友人とワイワイしたいが、離れ過ぎ。属するコミュニティーが違うだけで、かくも離脱感にさいなまれるとは…。テン、1～2時間以外ずっと2階。マルは外。さびしい。

9.14(日) ☂☀☁　仲秋
月見だんごをおかんと作った。久々にこれたおした。水を入れ過ぎて丸めにくいのを、何とか丸めてもらい、ゆであげた。きなこと小豆。おかんが河原でススキをとってきて、おうちで観月会。マルが団子監視官。せわしなく行ったり来たりして、食べたそうにしていた。

はざま 85

9.19（金） ☁ 台風　＜50　98/55　96＞　35.2
朝そこそこに目覚める。昨晩は2時までには寝付いていたみたい。台風通過中らしく、ずっと風が吹いている。重苦しさは随分なくなっている。
午前中お向かいの家で、スズメバチの巣の徐去作業。怖かった。家の庭先へ逃避蜂乱入で騒然。弾丸のような大きなの、女王蜂？ などが向かってきて怖かった。
オレンジ色！！

9.20（土） ☀ ＜51　93/61　97＞　35.0
台風一過。蒸し暑そう。墓参りのお誘い。調子が良ければ…。夕方5時半ごろ名古山へ。暑さを避けて墓参りの方がチラホラ。墓地公園は猫のサンクチュアリ。子猫が多い。道路の真ん中に寝そべって、車に引っかけられないかとヒヤヒヤ。

9.21（日）　高砂の山田邸へ、昼食に招待される。A子は初めて行く。

9.22（月） ☀ ＜56　93/63　96＞　34.58
秋の肌感。今日はおかんの誕生日。出来のよかったデッサンを渡した。額にいれるのに、ちょっとサイズが合いにくかった。足首ウオーマーも添えて。意外と喜んでもらえた。首が痛い。冷えかも。

A子画 "3匹の家来"

9.26(金) ☀️☁️ <53 89/52 96> 35.0
日中蒸し暑いけれど、曇ってきて少し楽。久しぶりに銀行へ行く。こーまの画廊でワタル先生夫妻が個展。入ってみると、先生が居られたので、おしゃべりする。土ひねりに工房へおいでよと誘ってもらう。イーグレで姫路の歴史の写真展。何と駅まで外堀があったのか…。
夜、立町公園横のイタリアン、グラツイアへ行った。すべて手作り。横浜で修業した相生の方だった。美味しかった。また行きたい。11月始めに生のトリュフが入るそうな。

9.29(月) ☔ <55 94/62 96> 34.7
朝から良く冷えている。雨がシトシト。模様替えをしてもらった。おかげで部屋が広々。気分が晴れて、ありがたい♡

10.1(水)
─── 呟　き ───
万粒の　礫降りたる　乾天地
轟音一過　源顕る

10.2(木) けんこう屋さんより漢方薬。

 ☀️ <55 92/54 96> 35.04
爽やかな1日になりそう。10月、早いなあ…。1年前は耳で入院してたっけ。何だか遠い昔のようで、変な気分。今年は、おかんも走り回らなくて、平穏にすごせて、いいかも…。

10.6 トラクリア、シルディナフィル受け取り。

10.8(水) 車椅子着。長身用に特別仕様で。

 ☀️ <50 90/52 96> 34.92
朝から気持ちいい。大津のイオンへいき、ついでにHMVへ行ってDVDをget。
人が少なく、平日はいいかも。お昼を食べて、ICレコーダーを見に、手柄のジョーシンへ。六甲おろしが流れ、音のうるささに辟易。花田のヤマダ近くにジーンズ屋、ペット関連のアミーゴを発見。

はざま　87

10.10(金) ☀ <49 97/60 96> 34.77
昨晩は、風も感じない、よどんだ重苦しい気分で眠った。今日は朝からひんやり。うろこ雲が見事だった、と散歩帰りの母。今日は復習かな。ノートを作り始める。やりかけだったが、もう一度母音の項目から。ゆっくりでも、ちゃんと見やすいのを目指す。夜はエビとレンコンの団子揚げ。おいしかった。雨が降り始めた。

10.12(日) ☀ <53 102/61 96> 35.5
今朝はガクッと冷えた。昨日の北風以来、そのまま温度が下がった形。秋かな。昨晩は冷えて、晩御飯が消化しづらく、ひどく苦しんだので、今日は暖かくする。とはいえ、空気の入れ替えは欠かせないが。
秋祭りの宮入りにむけ、早朝から太鼓の音が響く。シーツ交換、掃除。午後2時過ぎ、非常に眠くなり、5時近くまでウトウト。夕食のステーキ、食が進まず、お腹が微妙。

10.16(木) ☀ <51 98/61 97> 34.2
ケンケン、小野さんと連絡し合う。ケンケンは勝ち逃げ終いで、射撃三昧の日々を送りたいそうな。小野さんはAIGに。半年早く乗り換えて良かったけど、国営になったと苦笑。
夜、Dicoで食事。バーニャカウダー美味しかった。ここで使う野菜は、自家菜園(900坪)でとれたもの。ホウレンソウが美味しくてビックリ。また食べたいな。

10.18(土) ☀ <53 94/58 95> 34.9
ここ数日風邪気が抜けず。昨夜話し合って、丹波のマツタケ料理は中止。あまり気が向かなかった方面でもあるし、行って具合が悪くなると、来月の船旅にも影響するから。
夕方ヤマトヤシキへ。初めて大松へ行く。綿の薄いハイネックを2枚、7分のカシミヤセーター、アンゴラのデロデロデザインのカーディガン。42号で肩幅はいいみたい。ついでに、お隣さんで、メッシュのメチャ軽いバッグをget。ミッソーニをのぞく。かわいいピーコート、お値段50万!! 目の保養。夜は蓮でふかひれスープ、セロリとホタテの炒め、麺。おいしかった。

10. 19　　篠山祭りに、マツタケ料理を食べに行く予定だったが、キャンセルする。A子風邪気味で体調不良のため。代わりに、生きのいいマツタケを送ってもらうよう潯陽楼さんに依頼。

10. 22 (水)　
お腹が張る。胃腸の調子が良くないのか。
かいまき毛布到着。
中国語ジャーナルと本を買ってきてくれた。
久しぶりでお湯につかる。"こする"作業は身体の活性化にいいみたい。トイレ用ヒーター買おうかな。ひざサポーターを外して寝た。

10. 25 (土)　
冷えた…。辛いなあ。パジャマを暖かバージョンにしようかな。首が開いてると寒い。サイズの合ったのが欲しい。寸足らずで足首や手首が出ていると、そこが冷えて寒い。グレーのパンツのすそをほどいた。けば立たぬよう二重にミシンがけした。高々2〜3センチのことだけど、借り着のように足首が微妙にみえる心配がなくなって嬉しい。国産品は本当に寸足らず。もう少し考えて作れ、品ぞろえしろと言いたい。つくづく姫路はサイズが無いと思った。

10. 27 (月)　A子　ギックリ腰。座薬入れる。

10. 31 (金)　　＜51　96/62　97＞　34.7
今日は格段に冷えている。寝巻代わりの下に1枚余分に着た。やっぱり長さの足りないものは袖も短い。手が冷えてつらい。トイレヒーターあったかくて調子いい。買ってよかった。夜、めずらしく、マル、テンのガウ＊2に。一瞬の出来事で、手が切れてた。私だけ、痛い！

11. 2 (日)　　　＜68　101/63　96＞　34.6
朝から、部屋の引き戸の滑りの悪さにイラつき、大戸の傷跡にムカッ。お疲れもあって、おかんは八つ当たり！　マルの毛の始末、テンのしつけが悪い、と全て私がこの家にもどったことに由来すると言わんばかり。以前、カントが破りまくった障子を、ネコやから仕方ないと言ってたのに、今度はこれだ。

　　　　　　Up Down 激しすぎて、付き合うのに疲れる。その時々の気分で行動する、他人の気持ちなど計算外。私のことをつるしあげる前に、自分を反省しろ、といつも思う。
　　　　　　一人一人のレベルに合わせて話し合いをせずに、自分の基準だけでバッサリ切るのはただのワンマン。分かってもらえるわけない、じゃなくて、どうしたら理解してもらえるかを考えなくては、おかんはいつになっても今のままだろうな。まあ先が短いからどーでもいいだろうし…。ゆっくりしたかった余生が、私のおかげで番狂わせだし。
　　　　　　何も言えない人間に、当たり散らすのは最低だと思う。どれだけ申し訳ないと思っているか、この状況で生きていかざるを得ない人間の心苦しさ。おかんには分かりっこないから、残念だ。

11.9(月)
　　　　　　曇り空で冷え込む。腸がガスッぽい。マームール、ニンニク、冷え、これらがかなりお腹にこたえてる感じ。夕方、中村夫妻お見えになる。ピオーネ頂く。社長、少し痩せた？龍門寺の特集で忙しいらしい。
　　　　　　風呂でゲップゲップ多発！まだガスが溜まっている。上がってつま先立ち。おならが出尽くすまで頑張る。ほんと、しんどかった。

11.10　　トラクリア、シルディナフィル受け取り。

11.11(火)
　　　　　　昨晩の正月旅行の件、結局出かけることに。この時期は、人混みは極力避けたいと言い、正月はおうちでゆっくりしたいということで、一応落ち着いたのに…。おかんはスッカリ忘れている。私の身体を心配する割には、そういう細かい気配りに欠ける。男の人のがさつさそのもの…。本当に、ついていけなくなる。行き先が決まったとたん、ごきげんup。こっちが振り回されているのに、敵は全く気もつかない様子。あーあ…。

11.14～16　神戸港より"飛鳥"で鹿児島へ。油津港に停泊する。タクシーで岬馬を見に出かける。山道を延々走り、カーブ続きで、I子フラフラに酔う。

A子、馬と仲良しして、大満足の体。

飛鳥船上にて

11.15(水)

昨晩、玄界灘の揺れで船酔いがひどく、よく眠れず。陸に上がっても、午前中は頭がシェイクされた後の不快な状態でさえない。かなりブルー。船旅は二度とお断り！！
チョーさん似の大磯さんのハイヤーで、都井岬へ。仔馬や親馬が、草をほおばりながら近寄って来てくれて、嬉しかった。1日のうち18時間食べているらしい。体高の低いとてもかわいい馬たちだった。

岬馬

11.16(日)

朝頑張って早めに起床。内海に入ると揺れをほとんど感じない。デッキで朝食。素敵なウエイターさんのお給仕で、楽しいひと時を過ごす。10時半ごろ新神戸駅へ。こだまで帰る。新神戸からだと、ひかりとこだまの時間差がほとんど無い！ 夕4時半、エルザさんへ、テン、マル、サクラのお迎えに。お腹の調子ダメ。

11.18　　トラクリア、シルディナフィル受け取り。

はざま　91

11.22 (土) ☀ <53 102/63 97> 35.2
正月に出かける予定が消えて、非常にラッキー。私が手伝わない日が続くと、どうやらつむじが曲がってくるらしい。食事の手伝いによる効果が一番みたい。切り方が大雑把で、食品の歯ごたえのいい方が良い、と角材的に包丁するのが全くもって許し難い。が、体の調子のいい時は、出来るだけ手伝って、おかんのイラ＊2を減らすのが、この家に居座る最上の策と心得た。

11.23 (日) ☀
朝、自然に8時前に目覚める。昨日から、晴れたら出かけようと話していたので、おかんの手伝いをしつつ、準備して待機。11時、レクサスで久々にお出かけ。コメリでトイレ休憩して、ミニ葉ボタンがかわいいー！
波賀南の道の駅は満車で止められず、その先、北でようやくスペース確保。人柄のよいおばちゃまが切り盛りする食堂で、うどんとじねんじょたっぷりのタコ焼き、美味しかった♡ しめじ、なめこ、とちもち購入。帰り路で、またコメリに寄り、買い物。玉石が市価の半額なのにビックリ！ で、花の土も購入。さらに、ゆず工房で、せっけん、羊羹、生ゆずを購入。トイレ、一つしかなかったけど、とても最新でラッキー。楽しかった。

11.29 (土) ☁ <67 98/69 95> 35.3
昼ごろ、にわか雨。頑張ってガレージへ洗濯ものを避難させたら、晴れてきたのでまた出す。最近、昼から天気が変わりやすい。気温が激しく上下するので、身体が疲れる。

11.30 (日) ☁ <62 99/68 95> 35.42
少し熱っぽいのか…。ごみだしの手伝いに、新聞をくくる。サクラが嬉しそうに近くでくるくるしていた。昼から、おかんが掃除、ベッドメイクを終えて、ようやく横になる。2時間程眠った。笑天を見て、楽しく笑った。就寝前、けんこう屋さんの勧める瑞芝の粉末を飲み始める。

12.2 (火) ☀ 風 <53 98/62 96> 35.34
久々の中国語。楊先生と2つの構文の練習。作文はまた次回。楽しかった。クリスマスのオーナメント、何か作ろうと思

案中。お姉ちゃん、矢部さん家、滝井さん、アサヒさん、よーちゃん家、うーちゃん、かんちゃん。ムムム…。ニードル羊毛か…。

12.8〜9　車でホテルオークラコーベへ。夜タクシーで、東遊園地まで行って、一寸だけルミナリエ見物。A子、数十歩歩いたが、寒さに耐えきれず、直ぐ車に戻る。

12.8(月)
昼から神戸。オークラ泊でルミナリエ見物。ホテルから東遊園地へタクシー。おじいさん運転手さん、ゆっくりペースで、とてもいい方だった。ちょっとだけ降りたが、寒過ぎてすぐ車に戻る。運転手さんが神戸の夜景をあちこち見せてくれる。とてもキレイだった。戻ってからカフェでケーキセットを食べる。ホテルのアーケードを歩いて、ネコの焼き物をプレゼントしてもらった。おかんありがとう。白い透かし焼の花器は、あまりの美しさに、自分で…。

12.9(火)
朝、ルームサービス止めて、珍しくレストランへ食べに降りる。薬膳定食、ボリュームすごい！ 半分残した。10時過ぎ、大丸でお買いもの。ポールスミスでオフホワイト＋朱色のポイントのジップアップパーカー、ジルサンダーで紺のカシミヤの大きめのカーディとパールグレーのカシミヤのU首Tシャツ。お支払いはモチ、おかん。

12.11(木)
昼から百子が来る。そこらあたり、犬猫の毛だらけなので、少しコロコロ。しないよりはマシかな…。1時ごろ、もも着。お互ぽっちゃりしたねと笑う。滋賀はデパートが少ないらしい。嫁ぎ先の彦根は、いろいろしきたりが多くて大変みたい。5時ごろ帰る。ちょこちょこ来てくれるのは本当にありがたい。嬉しい。マルのいい絵が描けたら、渡すことにする。ジンジャーマン第一号を持って行ってもらった。

はざま　93

12.14（日） ☀☂ ＜58　91/60　96＞　35.3

昼までにお掃除してもらう♡　犬づくりに精を出す。
夜はDicoへ。結構混んでて、席は2階。そりゃ年末の日曜だからね。今日のDinnerは4時から！！良く頑張ってる。華奢な涼しげな眼もとをしたお兄さんがデザート作り。柿のシャーベット、いちごのミルフィーユ、おいしかった。宍粟郡で農家とか。帰りに柿とキウイを持たせてくれる。ありがとう！

12.15（月） ☀ ＜59　96/61　96＞　35.2

良い天気。放射冷却効果でさぶいっ！！昼、伊丹産業のガス交換。ご飯食べてから、クラフトパークなるところへ行く。品ぞろえもよく、ミシンで服を作っているおばちゃま方が。ビーズ通し、指サック、ピンセット、ボンド購入。Voltsに寄った。ヨーロッパ文具があってうれしー♡
カレンダーとパタリロ。

12.15　　　　トラクリア、シルディナフィル受け取り。

12.16（火）　インフルエンザ予防接種のため、3:00p.m.往診依頼。

 ☀ ＜50　93/49　97＞　35.82

今日もよい天気。さぶーい…。大頭先生、往診に来てもらった。インフル予防打ち。看護師さん、ノブスエさんは、しばらく静岡にいた明るい方。ニードルに興味がおありだったので、サワリを少し見せる。ひたすら刺す。

12.18（木） ☀ ＜50　90/56　96＞　35.60

よい天気。今日も寝起きは良い。何となく気持ちが良い。昼から、広畑の住友Bへ行き、何となく大津のイオンへ。宝くじ20連15バラで購入。仏壇へ。当たるといいなあ♡ニードル雪だるまのマフラー作る。おかんに雪だるまの小をあげた。ヒヨコと間違われる。確かに小さいのはそう見えなくもない…。

ツリーと雪だるま

94　はざま

12.20(土) ☀ <53　89/46　97>　35.34
朝からマルの要求吠え。寒いから入れてくれと吠える。超でかい声で。1時から楊先生。今日の授業で年内は最終。忘年会行きたいけど、弥次喜多でやるそうなのでパス。風邪が怖いから。みんなと出かけたいけど…楊先生、テンの絵をスゴク気に入ってくれて、嬉しい♡ 呉先生にも渡した。マルを描く。結構いい感じ。山田のおばちゃん喜んでくれるかしらね。ももたりーぬにもマルを描いて渡さなきゃ♡
少しは絵が描けることに喜びの1日♡

12.22(月) ☁ <66　101/62　92>　34.97
今日は具合が悪い。動悸がする。怒りは、大きなストレスを生じる。穏やかに生きようとして、色んなことに折り合いをつけ、八つ当たりなどせずに生きている私には、おかんの有様がうらやましい。そして疲れる。私を生かそう、と思っているなら少しは考えてほしい。ただのプータローなら文句は言わん。人並みに勤労意欲のある自分に対する理解の無さと、口の悪さにはほとほと参る。頼りにするしかないのを重々分かっていて…

12.24(水) ☀ <60　96/60　95>　35.1
アサヒさんと滝井さんにプレゼント渡してもらう。うーちゃんにキムチをおすそ分け。ツリーに明けくれる。大きさがうまく合わない。組合せの一番良いのを考える。三角形に組んだ毛玉を一段ずつ、白羊毛でさしてつなぎ、井桁のようにずらして交互に6段積む。最後の小さいのは6個1組ではなく3個で。星も丸から作り、だいぶうまくできた。全てを連結してようやく完成‼ めっちゃ苦心した。次はカードを書く。

12.25(木) ☀ 風 <60　91/52　95>　35.07
朝からすごい風。弱めにドキドキ。今日はクリスマス本番。ゆきちゃんとよーちゃんに必ず渡さなきゃ。驚かそうと思ったので、TELせずgo。2時ごろ行ったら貼り紙。15時30分から…で、久々に福崎の西井家の墓に手を合わせる。明治45年建立の墓石はとても風化していたけど、とても優しげに見えた。15時30分過ぎに再び行くが、二人ともまだなので、店番のおばちゃまに預ける。おかんに犬のカレンダーと"子供人形"のつまようじ入れを渡す。

12. 26 (金) ☁ さぶっ!! ＜66 92/55 95＞ 35.1
朝からめちゃめちゃ寒いっ!! 播但道は雪で止まっているらしい。冬だ〜。昨日おねえちゃんに近々行きたいメールをした。今日はももへのカードを。おねえちゃん、やべさん、きやすさん、皆にも描こう。
昨晩、ぶどうツリーをマル、テンに破壊される。ガーン。まっ、作り直そうと思っていたからよしとするか。

12. 28 (日) ☀ ＜62 96/61 95＞ 35.1
照ったり曇ったり。お掃除してもらう。昼は率先してご飯づくり。割合機嫌がよさそう。何事もスムーズに動いていただかねば…。おねえちゃんにメール。

12. 29 (月) ☀ ＜59 94/58 95＞ 35.1
冷え込む! 朝からおねえちゃんにプレゼントを渡しに行く算段をする。お墓参りでダメとのメール。返事をメールしようとした時、中村社長がおもちを持って現れる。ラッキー♡持って帰ってもらう。
昼からムサシ。ようやく、部屋の押し入れの中に目を向けてもらえた。押し入れは不用品の山、私の荷物を入れる空きは限られている。昨年はおかんが片づけを嫌がり、私はじわじわ物を押し込む作戦に出た。今回は、ちゃんと箱か何かを置いて整理したら、とのご託宣。忙しいと、正当な事柄も全て没にされる。1年待って、ようやく押し入れを空っぽにしてくれた。おかん、ありがとう。

12. 31 (水) ☀☁
今日は、〜もだ、寒い。よい1年を終わりたい。拭き掃除手伝い。後で爆発するのが分かっているので、軽く無視されながらも、空ぶきをする。昼ごはんの後、トイレ、台所のあれこれをキレイにする。さすがに張り切り過ぎたか…。3時過ぎ、横になったら、と。Lucky♡
6時ごろ鍋。カキは美味しかった。シャコの当たり分を頑張る。やっぱり消化に悪い? うーん…。おかん、今年も1年
あ・り・が・と・う

2008年

年月日	脈拍	血圧 下	血圧 上	酸素濃度	体温	BNP
1.4	51	56	90	98	34.35	
1.9	59	52	95	96	35.12	
1.10	67	60	95	97	35.51	
1.13	47	59	90	97	35.21	
1.17	54	56	88	97	35.44	
1.21	57	56	89	97	35.27	
2.11	48	62	96	97	34.92	
2.17	46	61	93	98	35.10	
2.24	58	58	88	96	35.14	
2.25	49	55	86	97	34.97	
2.26	49	56	87	97	35.61	
2.27	56	57	89	97	35.31	
3.2	55	60	88	96	35.04	
3.9	57	61	90	96	35.05	
3.11	59	58	91	97	34.92	
3.19	50	51	89	97	35.35	
3.23	53	60	94	97	35.18	
3.29	57	63	93	96	35.28	
4.12	51	53	87	98	35.64	
4.15	51	68	97	97	34.85	
5.1	52	63	94	96	35.31	
5.14						672
5.20	49	56	96	98	34.94	
5.30	56	70	102	98	35.12	
6.9	66	66	97	95	35.01	650
6.13	48	57	104	98	34.81	
6.30	64	56	86	97	35.52	
7.7	59	52	85	96	35.06	
7.12	48	55	96	97	35.03	
8.7	68	58	91	96	35.69	
8.11						975
8.19	53	51	91	96	35.61	
8.28	46	56	93	96	34.9	
9.6	47	61	92	96	35.23	
9.12	47	54	92	95	35.28	
9.22	56	63	93	96	34.58	
10.2	55	54	92	96	35.04	
10.10	49	60	97	96	34.77	
11.11	53	61	98	97	34.61	
11.23	50	64	95	96	34.92	
11.30	62	68	99	95	35.42	
12.2	53	62	98	96	35.34	
12.16	50	49	93	97	35.82	
12.22	66	62	101	92	34.97	
12.25	60	52	91	95	35.07	

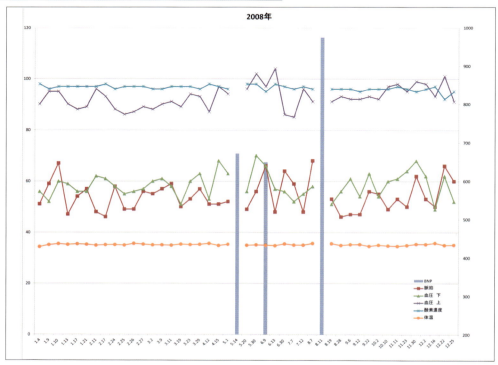

> 2008～2009の冬中　血液循環ますます悪く、寝る前に足湯をし、湯たんぽ
> 　　　　　　　　　入れる。
> 2009年　　＊ 体力の低下著しく、食も細る。
> 　　　　　＊ 車の運転も苦痛になる。障害者手帳受給。
> 　　　　　＊ 水墨画を始める。
> 　　　　　　（添削に、市民会館の教室までI子が持参）
> 　　　　　＊ 頻繁に偏頭痛おこる。
> 　　　　　＊ 外に出かけられないため、鬱状態。

2009

1.3(土)　　車で神戸のホテルオークラへ。"新春落語の会"
　　　　　途中、初詣ラッシュで、ホテルまで３時間かかる。

神戸行き。昼ごろ出発、山陽道から神戸線？の下道を通っ
てしまい、長田で通行止め多数。渋滞にはあわなかったが、
疲れた。夜はホテルで寿司。サバ美味しかった。が、やはり、
胃が辛い…。

1.4(日)　　1:30p.m.帰途に就く。１時間半で家へ。A子の疲れ激しく、長距離の車
　　　　　運転も限界か。

オークラ、ルームサービスで朝食。11:30a.m.から、桂こごろう、
南光、ざこばの一門会を楽しむ。
帰り、明石SAでカツカレー。胃がもたれる。

1.6(火)　　＜61　96/61　96＞　35.21
久々に中国語教室。呉先生がDVDを中国から仕入れてき
てくれた。ありがとう。夕方、教室まで送り迎えしてくれた、お
かんと、店で梅蘭芳のDVDを見る。中国語onlyで、字幕
も漢字。相当手強い。

はざま　99

1.12(月)
ネコ描き。おかんは店。
今日はよく晴れている。成人式もgood conditionで良かった。3時ごろ真紀ねえちゃんが、おばちゃんと一緒に、京都のお土産を持ってきてくれたけど、調子がよくないので、今日はとりあえず、スミマセン。
またゆっくり。

1.13(火) <58 93/61 96> 35.4
えんぴつけずり、筆ペンを買いに、VOXへ行く。ついでにアミーゴへ行ってみる。とても種類が多い。熱帯魚、犬、ネコ。飾磨の郵便局はP待ちだったので、Uターンして、止めやすい飾西へ。やっぱり空いてる。年賀用の切手を買い、その場で貼って出す。あと3枚、うち2枚は仕上がる。

1.14(水) ダイトウクリニックにて、トラクリア、シルディナフィル受け取り。

 <69 90/60 96> 35.50
昼過ぎに年賀分出来たので、郵便局へ持っていく。寒いけど、陽射しがあるので楽。これから寒中用を描く。

1.16(金) <75 93/65 97> 35.23
睡眠時エアコンつけるの忘れた。それはそれで眠れるのだが、めっちゃ喉が痛い。ヒーターのセットはしたが、あまり意味無かった…。

1.19 沖縄より、ノニジュース購入。

1.23 神戸 けんこう屋より漢方薬着く。

1.27 城崎より松葉ガニ着。A子、食べ過ぎて、不調。

1.30（金）　　＜75　　　96＞　35.54
　　　　　　身体が痛い。わき、背中の上側、痛い。

1.31（土）　ダイトウにてA子肩痛の薬を処方してもらう。
　　　　　　山田さんに、インターネットで検索したトロントの件で手紙出し。
　　　　　　　　＜78　91/73　97＞　35.57
　　　　　　さらにひどい。少し動くだけでも痛くてたまらん。

<＊ここで、A子の日記、途切れる＞

2.24　　　A子、左上頭部にひきつるような痛み

2.25　　　神戸　けんこう屋漢方薬着く。　ダイトウにて、フロモックス受け取り。

3.2　　　 ウコッケイのカステラ、美味しいと食べる。

3.19　　　A子、両わき腹の痛み，ダイトウへTEL、痛み止めうけとり。
　　　　　足先が冷えるため、健康靴下購入する。

3.23　　　A子のバースデープレゼントに、京都行を計画。
　　　　　午後2時、車で出発。I子の運転。4時半頃京都着。ブライトン泊。

3.24　　　午前、MKのタクシーで御苑へ、近衛邸のしだれ見物。ほぼ満開。木屋
　　　　　街筋もちらほら咲き。お昼は尾張屋のそば。杖屋で男物のステッキを2
　　　　　本購入。（女物は短か過ぎる）夕刻、運転手の樫原さんが清水焼窯元へ案
　　　　　内してくださり、あれこれ品定めして、清風窯の煎茶器を購入する。

御苑近衛邸のしだれ

はざま　101

3. 25(水)　　A子　35歳の誕生日。闘病５年目
　　　　　　　MKの樫原さんが、桂離宮の参観を勧める。御苑の宮内庁事務所で聞く
　　　　　　　と、申し込みに二人分空きがあり、午後１時半から。
　　　　　　　20名ほどのグループに担当者が１名先導する。A子、車椅子を降りて歩
　　　　　　　き始めるも、遅れ、遅れ、池の太鼓橋を渡るあたりで、リタイヤー。迎
　　　　　　　えの係員が来るのを待って、一緒に入口へ、とぼとぼ戻る。無念……

桂

3. 30　　　　神戸　けんこう屋より漢方着。6:30p.m. 山田さんと３人で、ペザーヌ
　　　　　　　で夕食。

4. 8(水)　　 A子、10:30p.m. 入浴直後、"あつい"と言って、突然廊下で倒れる。
　　　　　　　脱糞している。なんとか引きずって、ベッドへ。水分補給。A子が落ち
　　　　　　　着いたので、汚物の付いたガウン等の後始末にかかる。後、ダイトウ先
　　　　　　　生へ顚末を電話すると、"心不全"との答え。

4. 14　　　　ダイトウにてトラクリア、シルディナフィル受け取り。
　　　　　　　午後、偏頭痛ひどく、冷やす。

4. 17(金)　　市役所で障害者手帳受け取り。

4. 30(木)　　広畑警察署で、身体障害者の駐車許可証受け取り。
　　　　　　　（→結局使うことナシ。）

　　　　　　　2009　3〜4月にかけて、下痢が続く。

5. 1　　　　 夕方より偏頭痛。

5. 3(日)　　 昼、食事に出かける。半分以上残る。胃が受け付けないのか。

5.4　　　　胃もたれひどい。

5.7　　　　偏頭痛

5.11　　　 ダイトウにてトラクリア、シルディナフィル受け取り。

5.25　　　 右下腹が痛いと言う。
　　　　　 数日続く。

6.1(月)　　6:30p.m.大頭先生往診してくださる。

6.9　　　　BNP:828.7

6.18(木)　 水墨画を習いたいというA子のため、市民会館で教室を主宰しておられる大盛先生を探し当てる。I子 市民会館へ出向き、大盛先生の水墨画教室で、A子の水墨画の添削をしていただくこととなる。

A子画　葛

6.22　　　 フランスベッドがリクライニングベッド配達。これで少しは楽になるのか。ひっきりなしに、ゲホゲホいっている。

6.30(火)　 けんこう屋より漢方薬着。

本日にて、QSS-2905によるカラープリント最後。(2007.12より)

7.8　　　　ダイトウにてトラクリア、シルディナフィル受け取り。

7.14(火)　 10:00a.m.ノーリツ鋼機、花村氏, QSS-2905撤収作業。

7.16 (木)　　不調、頭がクラクラするという。
　　　　　　I子、4:00p.m.コンタクトの件で 吉田眼科へ 。

7.23 (木)　　I子、大盛先生の教室へ、水墨画の添削を受ける。

8.3　　　　　けんこう屋より漢方薬着。

8.11 (火)　　午後、ダイトウクリニックの中野看護師訪問看護。トラクリア、シルディナフィル届け、採血。

9.1　　　　　けんこう屋より漢方薬着。

9.3 (木)　　I子、大盛先生の教室へ。

9.16　　　　ダイトウにてトラクリア、シルディナフィル受け取り。

9.17 (木)　　I子、大盛先生の教室へ。

9.18 (金)　　キャスパホールにて4:30p.m.より2人でシネマクラブ映画、"つみきのいえ" "トウヤーの結婚"の2本を見る。6:30p.m.終わってから山陽で夕食してから帰る。夜間、発汗、もどし、冷え、と体調不良。

10.4　　　　朝から偏頭痛ひどい。

10.5　　　　けんこう屋より漢方薬着。

10.15 (木)　I子大盛先生の教室へ。

A子撮：シュウメイギク

10.16　　　　ダイトウにてトラクリア、シルディナフィル受け取り。

10.21 (水)　A子体調不良　36.4の発熱（平熱は35度台）

10.22　　　　34.6　O-93　H-66

10.23	35.7 O-92 H-67
10.29	36.2 O-93 H-78
10.30(金)	3:00p.m.大頭先生に面談。
11.12(木)	I子、添削に大盛先生の教室へ。
11.19(木)	I子、大盛先生の教室へ。
12.2(水)	体調不良でしばらく美容院へ行けなかったため、出張を依頼する。午後5時、美容師の淨徳さんが家へ来て、廊下にシートを敷いてカットして下さる。A子久しぶりで、気分がすっきりする。
12.7(月)	2:00p.m.ダイトウクリニックの山本さん、訪問看護。
12.9(水)	昼間、鬱の状態。"どうしたらいいか、自分でも分からない"と泣く。夕食後、全部嘔吐。(久しぶりで、ハンバーグを食べたいと言うので、作ってやった。)後ほど、エンシュアー1缶食べて、胃に激痛、さらに嘔吐。
12.10(木)	大盛先生の教室へ。
12.14(月)	2:00〜4:30p.m.ダイトウクリニックの小野さん、訪問看護

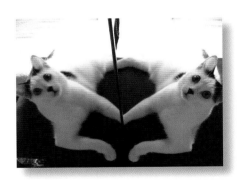

A子撮影　鏡ネコ

急　変

12.17 (木)　夜8時過ぎ、突然出血（口から）、せき込む。ティッシュで抑えても抑えても止まらないので、11時ごろ大頭先生にTEL、処置法を聞きに、城見台のお宅へ。鼻か喉の問題なら、耳鼻科へ、とのことで、当番医を探して下さる。

12.18 (金)　午前0時ごろ、夜間当番の日赤耳鼻科へ入院。中田先生が大頭先生と連絡を取って対応してくださるも、出血とせき込み、はかばかしく改善しない。午前4時30分、救急車で循環器病センターへ転院。点滴、酸素吸入。田頭先生担当。午後、超音波検査。

入 院 診 療 計 画 書

0001381016　ヨシノ　アキコ
（患者氏名）　**吉野　暁子**　　殿

2009年12月18日

診　療　科　名	循環器内科
病　棟（病室）	CMCU2
担当医以外の担当者	田頭　達
病　　　　　名 （他に考え得る病名）	原発性肺高血圧症
症　　　　状	呼吸困難／喀血
診　療　計　画	精査加療のための入院です
検　査　及　び　日　程	心エコー．血液検査．CT
手　術　内　容　及　び　日　程	
推定される入院期間	2〜週間
そ　の　他 （看護、リハビリテーション等の計画）	異常の早期発見を努めると共に、安全で安心な入院生活を送って頂けるよう日常生活の援助をさせて頂きます。
総合的な機能評価	

注1）病名等は、現時点で考えられるものであり、今後検査等を進めていくにしたがって変わりうるものです。
注2）入院期間については、現時点で予想されるものです。

（担当医師）　田頭　達　　印

入 院 診 療 計 画 書

（患者氏名）　ヨシノ　アキコ
　　　　　　　吉野　暁子　　　　　　　　様　　　2009 年 12 月 18 日
　　　　　　　　　　　　　　　　　　　　　　　0 0 0 5 2 1 6 5 9 3

診 療 科 名	耳鼻咽喉科
病 棟 （ 病 室 ）	5 階西病棟　　525
主 治 医 以 外 の 担 当 者	
在 宅 復 帰 支 援 担 当 者 名 ＊	
病 名 （ 他 に 考 え 得 る 病 名 ）	気管出血血痰
症 状	血痰
治 療 計 画	止血剤点滴、止血剤吸入 入院の上経過観察、精査
検 査 項 目 、 手 術 の 内 容 及 び 日 程	採血など適宜
推 定 さ れ る 入 院 期 間	未定
そ の 他 ・ 看 護 計 画 ・リハビリテーション等の計画	
在 宅 復 帰 支 援 計 画 ＊	
総 合 的 機 能 評 価 ◇	

注1)　病名等は、現時点で考えられるものであり、今後検査等を進めていくにしたがって変わり得るものである。
注2)　入院期間については、現時点で予想されるものである。
注3)　＊印は、亜急性期入院医療管理料を算定する患者にあっては必ず記入すること。
注4)　◇印は、後期高齢者である入院患者に対して、総合的機能評価を行った患者について評価結果を記載すること。

（主治医氏名）中田　道広　　　　㊞

姫路赤十字病院　　　（患者署名欄）　　　　　　（本人・家族）

---

12. 19（土）　午前、北312号室へ部屋替え。身体拭き、着替えの後、体調悪化。酸素吸入、点滴続く。

12. 20（日）　4人部屋は喧しくて、眠れないので、個室に代えてもらう。316号室。
朝、尿導引、オムツあてる。少し便出る。点滴、酸素続く。
11時、三木さんお見舞い。大頭先生来て下さる。

12. 21（月）　朝ゆっくり眠る。尿管外す。田頭先生面談。ここでの処置は限界とのこと。肺高血圧症専門外来のある国立循環器病センターか岡山大学病院のどちらかへ転院すべしとの由。時間的に近い岡山大を選ぶ。

はざま　107

12.22（火）　朝、田頭先生同乗の救急車で、岡山へ向かう。無事着くか心配しつつ。11時40分岡大着、どこからICUへ入るかに救急車迷う。ICU玄関から直ぐストレッチャーで処置室へ。この間I子は主治医と面談。幡良樹先生、上川先生。フローラン治療を試みるが、最悪の場合、移植治療を望むか、諦めるかとの問い。当方としては、出来るかぎり、苦痛を取り除いてほしい旨要請、覚悟はできている、と申し上げる。

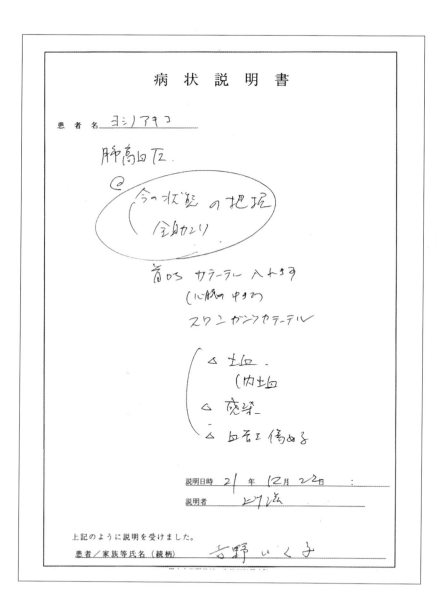

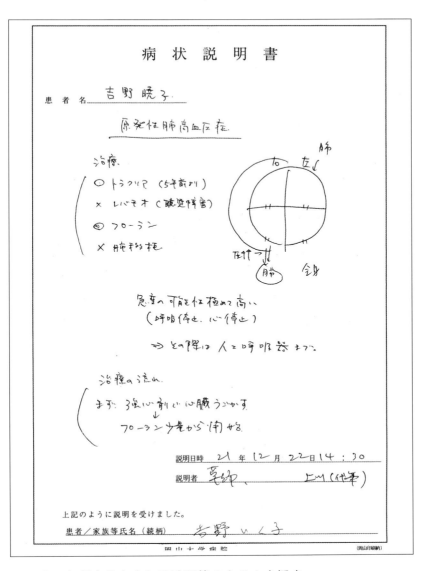

I子、矢部幸子さんと至近距離のホテルを探す。

＊主治医の上川先生、あまりにもA子のパパそっくりなのに驚く。声まで。

＜脈拍数：118　血圧：86/55　酸素濃度：95＞

　　点滴：1．ドパミン(注9)　　　　　　7/min
　　　　　2．ドブトレックス(注10)　600mg
　　　　　3．ヘパリン生食(注11)
　　　　　4．ソリタＴ１(注12)　　　　40/min

注8：輸液製剤
輸液製剤はNa濃度によって何号液という呼び方をする。
リンゲル液：細胞外液と似た電解質組成の製剤。０号液である。……
１号液：開始液。カリウムを含まないため、高カリウム血症が否定できない場合にまず用いられる。ソリタＴ１号などである。……　　＜ja.wikipedia.org/wiki/＞

注9：ドパミン
効能又は効果：急性循環不全（心原性ショック、出血性ショック）
下記のような急性循環不全状態に使用する。
　　無尿、乏尿や利尿剤で利尿が得られない場合
　　脈拍数の増加した場合
　　他の強心・昇圧剤により副作用が認められたり、好ましい反応が得られない状態
<KEGG MEDICUS>

注10：ドブトレックス注射液 100mg
効能：急性循環不全の心収縮力増強
＊副作用等　1 不整脈、頻脈、期外収縮、血圧低下、血清カリウム低下
　　　　　　2 過度の血圧上昇、動悸、胸部不快感、狭心症、前胸部熱感、息切れ、
　　　　　　　 悪心、腹部痛、発赤、腫脹、頭痛、発疹、好酸球増多
　　　　　　3 過度の心拍数増加、過度の収縮期血圧上昇、耐性、過度の頻拍、
　　　　　　　 食欲不振、悪心、嘔吐、動悸、息切れ、胸痛、血圧上昇、頻拍性不
　　　　　　　 整脈、心筋虚血、心室細動、低血圧、重症の心室性頻拍性
　　　　　　　 不整脈、発赤、腫脹、壊死、致命的な心破裂
<www.e-pharma.jp/dirbook>

注11：ヘパリン生食液
カテーテルを留置したまま点滴を中断するときに、点滴チューブやカテーテルの中
を満たし血液凝固を防止する薬剤です。
<www.terumo.co.jp/pressrelease/2004/014.html>

注12：ソリタT1号
効能：（脱水症、病態不明時）の（水分、電解質）の初期補給、手術前後の（水分補給、
　　　電解質補給）
副作用等：脳浮腫、肺水腫、末梢浮腫
<www.epharma.jp>

12. 23 (水)　ICU内では、医者の詰め所の廊下をはさんで直ぐ向かいの部屋。
　　　　　　面会時間は12〜13時及び18〜19時であるが、I子は事実上無関係に、
　　　　　　ベッタリ1日中付いている。
　　　　　　　<109　80/54　92>
　　　　　　　　　点滴：ヴィーンF（注13）　20/min
　　　　　　　　　　　　フルカリック1号（注14）　40/min

12. 24 (木)　<108　90/64　94>
　　　　　　　　　点滴：ヘスパンダー（注15）
　　　　　　　　　　　　フルカリック
　　　　　　　　　　　　ドブトレックス
　　　　　　　　　　　　カコージン（注16）

110 はざま

注13：ヴィーンＦ輸液

効能：(循環血液量減少時、組織間液減少時)の(細胞外液の補給、細胞外液の補正)、
　　　代謝性アシドーシスの補正

＊副作用等→１脳浮腫、肺水腫、末梢浮腫
　　　　　　２酸塩基平衡異常、電解質異常、浮腫

<www.e-pharma.jp/dirbook/＞

注14：フルカリック１号輸液

効能：(経口栄養補給が不能又は不十分、経中心静脈栄養に頼らざるを得ない場合、
　　　経腸管栄養補給が不能又は不十分)の(アミノ酸補給、カロリー補給、ビタミン補給、
　　　水分補給、電解質補給)

＊副作用等→１重篤なアシドーシス、ショック、アナフィラキシー様症状、血圧低下、
　　　　　　　意識障害、呼吸困難、チアノーゼ、悪心、胸内苦悶、顔面潮紅、
　　　　　　　そう痒感、発汗、過度の高血糖、高浸透圧利尿、口渇
　　　　　　２.３.４.５.略　　　　　　　　<www.e-pharma.jp/dirbook/＞

注15：ヘスパンダー輸液

効能：各科領域における出血多量の場合
　　　体外循環における血液希釈液

＊重大な副作用→ショック、アナフィラキシー様症状（呼吸困難、喘鳴等）

<フレゼニウス　カービ　ジャパン株式会社＞

注16：カコージン注射液 100mg

効能：急性循環不全(出血性ショック、心原性ショック)、急性循環不全状態、

＊副作用等：１麻痺性イレウス
　　　　　　２四肢冷感、末梢虚血、壊疽
　　　　　　３不整脈、心室性期外収縮、心房細動、心室性頻拍、頻脈、動悸、
　　　　　　　嘔気、嘔吐、腹部、膨満、腹痛、静脈炎、変性壊死、起毛
　　　　　　４期外収縮の頻発、硬結、壊死

<www.e-pharma.jp/dirbook/＞

12. 24(木)　午前より、フローラン(注17)開始：通常の1/4量からスタートする。

10:25a.m.　フローラン0.6/min

11:25a.m.　　　　　　　　　酸素90〜94

13:00　　　　　　　　　　　酸素94　血圧91/58

I子、ホテルでなく、手続きをして病院の家族控室に泊る。

注17：フローラン

フローラン治療　フローラン(一般名：Epoprostenol sodium：プロスタグランジン
I2：PGI2 、あるいはプロスタサイクリン)の持続療法は、薬剤抵抗性の肺高血圧症
に対する最終の内科的治療として行われています。このPGI2は、他の薬物と異なり、
体内で作られる生理活性をもった物質、つまり普段体内に存在する薬物であり、強
い血管拡張作用と血小板凝集抑制作用を持っていますが、大変不安定な物質で、溶
解した後は室温で８時間、冷却しても24時間程度で失活すること、また体内に入って

はざま　111

3-5分で分解されるため、24時間にわたって持続的に静脈注射をする必要があり、そのため静脈内にカテーテルを持続留置する必要があるなどの欠点を持っています。その欠点を補う形で登場したのが、プロスタサイクリンアナログのリモジュリンですが、穿刺部位の発赤・疼痛などの問題がまだ残っています。 当科では1999年から50名を超える患者様に静注PGI2の投与を行なっていますが、それでも治療抵抗性の症例（特に肺静脈閉塞性や毛細血管腫症）には肺移植（下記）を多数行なっており、全国から薬剤抵抗性の肺高血圧患者が集まってきています。

<岡山大学循環器内科>

12.25（金）　フローラン0.75/minに増量する。

　　　　　　＜98　105/60　94＞

　　　　　　夜、発熱：37.5度　氷水で冷やす。

　　　　　　I子、病院泊.

12.26（土）　矢部幸子さん、所用を済まして姫路より戻る。

　　　　　　＜90　102/62　91＞

12.27（日）　A子が肩から胸にかけての部分が寒いと言うので、売店で小さいタオルを買ってきて、幸子さんと二人、パジャマ5枚全てに胸あてを縫い付ける。

　　　　　　10時着替え（ベッドがビニールで覆われているため、汗でパジャマがぐしょ濡れになる。）

　　　　　　12時ごろ三木さんお見舞い。

　　　　　　1:00p.m.より強力酸素吸入器（VIPAP）で強制的に酸素を送り込む。（題して "鉄仮面"）ベッドを起こした姿勢（座位）で、2時間これに耐えるのは、病人にとって拷問に等しい。

　　　　　　＜85　105/58　93＞

　　　　　　7:30p.m.より　"鉄仮面"　2時間

　　　　　　10:00p.m. 血痰出る。37.1発熱　意識が飛ぶ。

　　　　　　11:30p.m. 疲れて眠る。

　　　　　　＊これから毎日、午後、鉄仮面2時間とのこと。

12.28（月）　I子、ホテルからウィークリーマンション "アイヨコヤマ" へ移る。

　　　　　　姫路へ戻って、エルザ動物病院に預けてあるサクラ、マル、テン、の3匹を迎え、サクラ、テンを矢部さんに、マルを中村さんに依頼する。必要な物を持って、幸子さんの車で岡山へ戻る。

入　院　診　療　計　画　書 印刷日時：2009/12/27 11:22:21
印刷者名：上川　滋

（患者ID）0003894218　　　　　　　　平成 21 年 12 月 27 日

（患者氏名）ヨシノ　アキコ
　　　　　　吉野　暁子　　　　　　　殿

（患者用・カルテ用）

（生年月日）1974年03月25日

病棟（病室）	入院棟東3F（ICU・CICU）		主治医	幡　芳樹	担当医	上川　滋
病名 （入院契機病名等）	主傷病名：原発性肺高血圧症					ICD-10コード I270
	入院契機病名：原発性肺高血圧症					I270
	入院時併存症：肺出血					R048
症状	呼吸困難					
	意識障害（無　JCS（　　　））			新生児：出生時体重		g
入院経路	他院紹介（有　）入院区分（緊急入院　）救急車搬送（有　）他院診断（無　）					
入院目的	その他の加療					
治療計画	緊急で治療の必要な状態のための入院です					
				治験参加予定（　無　　　　）		
検査内容および日程						
手術内容および日程						
推定される入院期間	4週間以上	入院期間	2009年12月22日　～			
看護計画	治療中、異常の早期発見のために、検温・血圧・脈拍その他の症状の観察を行います。 また、歩行許可が出るまでの食事介助・下膳・配茶・洗面介助などの療養上のお世話を致します。					
				担当者　和田　典子		
その他 （リハビリテーション等の計画）						
				担当者		

注1）傷病等は、現時点で考えられるものであり、今後変わりうるものです。
　　　また、検査および治療計画、看護計画等も症状に応じて変更しうるものです。
注2）入院期間については、現時点で予想されるものです。

岡山大学医学部・歯学部附属病院　循環器内科（臓器別）

（担　当　医）上川　滋　　㊞

（受　　領）吉野　暁子　　印

7:00p.m. 草野先生と面談

＊血液の酸性低下

＊フローラン：強心剤の効果があるうちに、量を増やしておきたい。

　→肺の高血圧を下げ、身体の血圧を上げる。

＊副作用：ここ1両日のような、身体のほてり、頭痛を伴う。

　＜81　102/63　95＞

夜、デパスを使う。

12. 29（火）　7:30a.m. 薬で眠る。

　＜80　97/58　96＞

10:00a.m. 矢部幸子さん姫路へ帰宅。

はざま　113

午後、フローラン　2.6/minに増量。

痰が出る。苦しいと言う。

12. 30 (水)　パジャマのパンツ、すそが広すぎて纏わりつく、と文句あり。急ぎ、ホットマンにTEL、年明け早々にストレートタイプを宅配便で送ってもらうよう手配。矢部さんに、パジャマの受け取りを依頼する(姫路の私宅は無人のため)。

＊今日からジュースを少々口に含ませる許可下りる。

＜87　107/71　93＞

昼、フローラン　3.1/min

夜、フローラン　3.2/min

12. 31 (木)　ジュース500cc OK

午前：＜82　102/63　95＞　CVP(注18):11

フローラン　3.4/min → 3.5 → 3.7 順次増量

注18：CVP
CVP測定方法、中心静脈圧測定方法
CVPとは中心静脈圧のことで測定方法として
①IVH(注19)やスワンガンツカテーテル挿入中患者から、圧トランスデユーサーを使用し測定する方法
②IVHからのマノメーターを使用しての測定方法がある
　目的：循環血液量と心臓の状態の関係を把握し輸液量の判定に使用する。
　　　　脱水や過剰輸液などの評価
　正常値　5〜10cmH20
　　　　10cmH20以上　右心不全　左心不全　心タンポナーデ…以下略
　　　　　　　　　　　　　　　　　　　　　＜kangogijyutu.wiki.fc2.com＞

注19：IVH (Intravenous Hyperalimentation)とは、
中心静脈栄養法の略称で、主に鎖骨下の大静脈に留置カテーテルを挿入して、高カロリー輸液で栄養補給をする術式のことです。主に、手術後や消化器疾患などで、必要栄養量を経口摂取できない方が対象となります。…略
　　　　　　　　　　　　　　　　　　　　　＜www.akanekai.jp/IVH.html＞

2009年

年月日	脈拍	血圧　下	血圧　上	酸素濃度	体温	BNP
1.6	61	61	96	96	35.2	
1.14	69	60	90	96	35.5	
1.31	78	73	91	97	35.6	
4.14	75			91		
6.9						828.0
9.3	71			91		
10.21					36.4	
10.22	66			93	34.6	
10.23	67			92	35.7	
10.29	78			93	36.2	
12.22	118	55	86	95		
12.23	109	54	80	92		
12.24	108	64	90	94		
12.25	98	60	105	94		
12.26	90	62	102	91		
12.27	85	58	105	93		
12.28	81	63	102	95		
12.29	80	58	97	96		
12.30	87	71	107	93		
12.31	82	63	102	95		

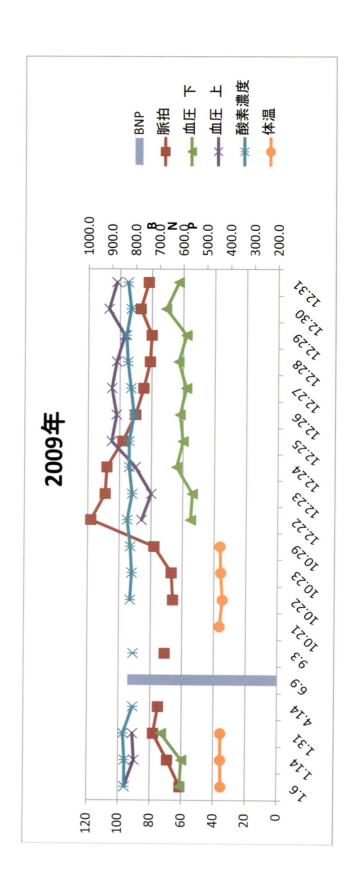

2010年

2010

1.1（金）　右足の付け根が痛い、と訴える。

エコー検査をする。　腫瘍は無い。

＜86　99/66　96＞　→ "鉄仮面" 装着時

フローラン：3.9 → 4.0 → 4.2と増量

夕方、熱が上がる。

夜、　＜89　97/63　91＞　ぐったりして、背中が熱いと訴える。

1.2（土）　正午、三木さん、白さん、幸子さん見舞い。

＜99　80/47　91＞　CVP：11

フローラン：4.3

5:30p.m. 熱37.7度

6:30p.m. 解熱剤投与するも、熱は37.8度 から下がらない！

1.3（日）　午前、上川先生、超音波検査。

＜90　89/55　92＞　熱は若干下がって、36.7度を示す。

2:30p.m. 熱37.7→解熱剤投与

3:15p.m. 熱37.8度

フローラン：4.7/min で継続

＊発熱は、静脈注射の針による感染が原因か？？？

大頭先生に報告の電話をする。

1.4（月）　10:00a.m. 院内の美容院に頼んで、病室へ出張してもらう。

髪の毛が纏わりついて、首周りがあまり熱いので、ショートカットに
する。

10:35a.m. **カテーテルを右首から左首へさしかえ。**（意味があるのか？）

先生は、マスク無し、手袋無し、指先を消毒綿で湿しただけ、素手で針
を左首に差し込む。

3.30p.m. エコー

4.10p.m. CT室へ運ぼうとするが、失敗。

5.00p.m. 草野先生面談。

＜89　79/49　89＞　CVP：15

はざま　117

1.5(火)　8:00a.m. 伊藤医長回診。

背中、肩が痛いと訴える。

<99　82/50　88>　CVP：14

中村夫妻お見舞い

リハビリの勧めあり、申し込み。(こんな状態で、果たして意味があるのか?) →5:30p.m.よりとのこと。

8:10p.m. 鬼の攪乱！　<90　78/51　87>　CVP：16

10:00p.m. 熱37.6度　"あつい!　あつい!………"と叫ぶ。

1.6(水)　10:00a.m. VIPAP(注20)吸入後、熱37.3度

<97　98/62　90>　CVP：18

4:20〜4:50p.m. CTによれば、**12/17の出血の箇所がつぶれて、肺に水がたまっているとのこと。**

5:30p.m. リハビリの先生来られる。

注20：VIPAP　ビジョン
使用目的：呼吸障害のある患者に対する陽圧式の呼吸補助。
作動原理：本装置は、マイクロプロセッサー制御による人工呼吸器であり、ブロワーにより本体後面のフィルターを通して室内空気を取り込み加圧し、それを圧調節バルブへ送り、圧力を設定圧にして患者へ供給する。また、患者の送気口に直列に組み込まれたフロートランスデューサーは常に患者回路の気流を監視していて、感知したデーターを分析し、回路内の瞬時流量に吊り合う信号を発生させ、適切な圧力を維持する。　　　　　<製造販売業者：フジ・レスピロニクス株式会社>
VIPAPとは：NPPVやNIPPVとも呼ばれマスクなどを使用する人工呼吸器です。
適応：　基本的に炭酸ガス（CO_2）が溜まる呼吸不全（II型呼吸不全）に適応があります。……
　　　　2．呼吸に大きな力を要する呼吸不全（酸素を取り込む肺自体に問題が起こり、呼吸しづらくなる場合）、肺気腫、塵肺・珪肺、肺結核後遺症、肺炎、肺水腫など……略

<www.homecareclinic.or.jp/syoti/bipap.html>

1.7(木)　上川先生の説明

＊点滴：血液中のアルブミン(注21)減少分を補うため

＊フローラン：強心剤を使わなくてよいレベルまで増やしていく。(強心剤は血管を絞る作用、これに対してフローランは開く作用がある)

フローラン：現在6.4

注21：アルブミン　　　フリー百科事典『ウィキペディア（Wikipedia）』
アルブミンは一群のタンパク質に名づけられた総称で、卵白（albumen）を語源とし、卵白の構成タンパク質のうちの約65％を占める主成分タンパク質に対して命名され、さらにこれとよく似た生化学的性質を有するタンパク質の総称として採用されている。代表的なものに卵白を構成する卵アルブミン、脊椎動物の血液の血漿に含まれる血清アルブミン、乳汁に含まれる乳アルブミンがある。アルブミンは一般的に肝臓で生成される。アルブミン濃度が低下している場合は、肝疾患、ネフローゼや栄養失調が疑われる。

機能　＊浸透圧の保持：アルブミンは他の血清タンパクに比べ分子量が小さく、量が多いため、血液の浸透圧調整の役割を担っている（膠質浸透圧を参照）。
　　　＊物質の保持・運搬：血漿に存在する脂肪酸やビリルビン、無機イオンあるいは酸性薬物などの外来物質を吸着する。一方血漿中の塩基性薬物は主としてα1酸性糖タンパク（α1アシドグリコプロテイン）と結合する[1]。低分子物質は、各種臓器に取り込まれて代謝・排泄されるが、アルブミンに結合した物質は臓器に取り込まれず、血中を循環することができる。薬剤の臓器移行性に大きな影響を及ぼす。ワルファリンやトルブタミドなどは特にアルブミンとの結合性が高く、これらと結合が競合するような薬剤を併用した場合、予想以上に組織中薬物濃度が上昇することが知られている。
　　　＊pH緩衝作用　＊各組織へのアミノ酸供給　＊抗酸化作用

1.7(木)　A子はVIPAP吸入で、お腹が張って、苦しいから厭だと言う。
　　　　＜92　94/65　96＞　熱36.7度
　　　　昼ごろ、熱37.3度前後、咳が出る。
　　　　＜106　94/62　88＞
　　　　1:00p.m. 熱38度以上、座薬を入れる。
　　　　2:30p.m. 看護師さんがベッドでシャンプーをしてくれる。（看護師さんには申し訳ないが、A子はかえってしんどい思いをした）
　　　　＜103　68/41　95＞　熱38.8度
　　　　夜、タンパク質補充のため、アルブミン点滴。
　　　　＜102　68/45　88＞　CVP：15

1.8(金)　8:00a.m. 眠っている。　＜100　86/54　92＞　CVP：11
　　　　熱37.1度
　　　　11:00a.m. 点滴を右から左手首へ入れ替え。
　　　　午後、絶えず、心電図がFREQ.VPC(注22)コーションを出す。
　　　　心拍数101〜

はざま　119

注22：VPC 心室性期外収縮　Ventricular Premature Contraction

心室性期外収縮は、正常な拍動が起きる前に、心室を起源とする異常な電気的活動の結果生じる余分な拍動です。……中略

単発的に起こる心室性期外収縮は頻繁に起こらない限りは、症状もほとんどなく、心機能にも影響を及ぼさないと言われています。しかし、心臓病がある場合には、心室性期外収縮が頻繁に起こると危険な場合があります。……略

<blog.livedoor.jp/idiacorp/tag/VPC>

注23：血管内留置カテーテル

2010年7月17日　第6回日本クリティカルケア看護学会学術集会ランチョンセミナーより（座長：山勢博彰氏　講演者：具　芳明氏）

> 血管内留置カテーテル
> 感染予防の基礎と最新動向

カテーテルの血管内留置による感染症の発生機序

　……具氏の講演ではまず、話題提供として40歳代男性の症例が示された。

≪症例≫　交通外傷で救急搬送され、ICU入室、全身管理が必要で、中心静脈カテーテル（CVカテーテル）が挿入された。治療継続も1週間後に発熱。カテーテルを抜去したが、菌血症から椎体椎間板炎を引き起こしたことによる発熱であることがわかった。

「そもそもこの男性は、CVカテーテルを挿入しなければ、椎体椎間板炎になることはありませんでした。その治療により入院期間も長引きました。」と具氏は説明する。

カテーテル関連血流感染症（CRBSI）はすべて医原性感染症であり、「医療者が行った処置によって起こる合併症を極力防ぐ義務があるのではないでしょうか」と話した。…

CVカテーテル挿入時の手指衛生とマキシマルバリアプリコーション

「挿入時の手指衛生の基本は、アルコール手指消毒薬の使用です。また、挿入時の皮膚の消毒で最も有効とされているのは2％クロルヘキシジン製剤ですが、国内未発売です」と具氏。…

また、CVカテーテルは体外と無菌状態の血管をダイレクトに結ぶものであり、侵襲の大きな手技であるとともに、感染予防の点で、大きな弱点をかかえている。

「マキシマルバリアプリコーションの実施によって、とくにカテーテル挿入後1週間以内に発生する感染症を減らせることが、いくつかの研究で確かめられています」と具氏は説明する。…

CRBSIを繰り返す患者に有効な抗菌性カテーテル被覆/保護材

カテーテル挿入後も、本当にカテーテルが必要なのかを常に見直し、可能であれば、早期に抜去することが感染予防につながる。また、ケアの実施には、挿入時と同様に手指衛生を徹底する。…

次に“やってはいけないこと”として強調したのが、抗生剤の軟膏の塗布と定期的なカテーテル交換である。カテーテル挿入後に軟膏を塗布することにより、耐性菌による感染症が増加するというデータがある。また、カテーテルは、「感染予防の目的で定期的に左右を入れ替える必要はない」という。その理由として、1週間ごとに入れ替えても、同じ箇所に挿入したままでも、感染率は変わらないことをあげ

た。

「むしろカテーテルの入れ替えは、機械的な合併症がおこりやすくなります。ただし、末梢のカテーテルは入れっぱなしにしていると感染症が増えますので、定期的なカテーテル交換が必要です」とした。

「月刊ナーシング」第30巻第11号/通巻392号　2010年10月号抜刷

1. 8（金）　5：00p.m. <100　83/49　91>　熱：37度

5：30p.m. リハビリ

夜、デパス、下剤使用。

1. 9（土）　0：00a.m. 熱：37度

＊上川先生より、"VIPAP吸入の際、O_2のみか空気を吸いこんでいるため、お腹に空気が溜まって、ポンポコリンになった、"との説明あり。A子は、"お腹が苦しい、熱とって、"を繰り返す。……

8：00a.m. <102　88/52　90>　熱：36.8度

11：40a.m. お尻からガス抜きを試みる。→　効果なし

12：00p.m. <104　84/52　88>

2：00p.m. 左手首の針から血液漏れ。

3：00p.m. 幸子さん、姫路から、ホットマンのパジャマとコンタクトレンズを持ってきてくれる。

1. 10（日）　午前、<104　94/60　88>　VPC：15　熱：37.3度

1：00p.m.　座薬入れ。少々ガス抜きか？　熱：37.4度

午後、中村夫妻、まきさんがお見舞いに来て下さる。

6：00p.m.　鼻血が出る。　<104　94/59　90>　VPC：16

熱：37.1度

10：00p.m. <107　81/51　90>　熱：37度

1. 11（月）　午前、点滴、左手首から右手首へ針のさしかえ。

<101　89/56　91>　熱：37度

フローラン：7.8 →8.0

6：00p.m. <105　87/44　89>　CVP：15

9：00p.m. <103　76/50　88>　CVP：17　熱：37.2度

＊VIPAP装着時、鼻を押さえて痛いと言うので、看護師さんに何か良い絆創膏かクッション材がないのか尋ね、"スミスアンドネヒュー"の

製品見本を紹介される。具合良さそうなので、直ぐ１階の薬屋へ行き、取り寄せを依頼する。（A子が亡くなってから、着いた。）

1.12（火）　岡山大学病院、支払い日。金491,610円也。

8:00a.m. 鼻がつまり、息苦しい、と訴える。意識低下。

＜106　83/50　89＞　熱：37.3度

上川先生に面談しVIPAP止めるよう申し入れる。先生より、結果は不良との意見。

＊VIPAPをストップすると、O_2が下がる。→全身へのO_2供給が不足→臓器不全を生ずる。

＊お腹のガス抜き→腸から抜くには、レントゲンを必要とする。それには、移動を要する。現状ではレントゲン室への移動は不可能。

＜107　91/52　89＞　熱：37.3度

安定剤　処方。

1.13（水）　けんこう屋　松原さんに電話、キララをすすめられる。

＜120　86/53　87＞　熱：37.5度

11:00a.m. 大頭先生に電話する。A子が家へ帰りたがっている旨言うと、"明日行く" との返事。

2:00p.m. リハビリ:片山さん　熱：37.5度　"熱い、熱い……"

夜、＜120　71/42　89＞　CVP:14　熱：37.6度

10:30p.m. 上川先生退出時、鬼の攪乱！先生の白衣をつかんで、"せんせー、ねつとってー、ねつとってー……" 先生退出後、"かあさん、こんばん、いてくれる？" というので、病室に泊まり込み。看護師さんが、隣室にベッドを用意して下さったが、A子のそばに。

1.14（木）　0:00a.m. 解熱剤投与。

0:30a.m. 突然、ものすごい形相でもがき苦しみだす。看護師数名で抑え込む。医師がかけつけ、計器が "死" を示すまで、黙って秒読み。ただ、じっと、待つのみ……。

この間、A子の形相の恐ろしいこと（まるで鬼女か）。死ぬまで忘れることは無い。

"ご臨終です。1月14日午前1時16分" の宣告！

122 はざま

ふと見回すと、ベッドの周りが広々としている。
全ての計器が、いつのまにか取り払われていた。

廊下には、看護師長、上川先生、草野先生、他先生方。

────本当に、お世話になりました。────

2004.5.22〜2010.1.14
暁子、68カ月　2068日間の闘い
享年35歳

はざま　123

2010年

月日　時	脈拍	血圧　下	血圧　上	酸素濃度	体温	CVP	VPC
1月1日	86	66	99	96			
1月2日	99	47	80	91		11	
1月3日	90	55	89	92	37.8		
1月4日	89	49	79	89		15	
1月5日	99	50	82	88		14	
1月6日	97	62	98	90	37.3	18	
1月7日8時	92	65	94	96	36.7		
1月7日12時	106	62	94	88	38		
1月7日15時	103	41	68	95	38.8		
1月7日20時	102	45	68	88		15	
1月8日8時	100	54	86	92	37.1	11	
1月8日17時	100	49	83	91	37		
1月9日8時	102	52	88	90	36.8		
1月9日12時	104	52	84	88			
1月10日10時	104	60	94	88	37.3		15
1月10日18時	104	59	94	90	37.1		16
1月10日22時	107	51	81	90	37		
1月11日8時	101	56	89	91	37		
1月11日18時	105	44	87	89		15	
1月11日21時	103	50	76	88	37.2	17	
1月12日8時	106	50	83	89	37.3		
1月12日17時	107	52	91	89	37.3		
1月13日	120	53	86	87	37.5		
1月14日	120	42	71	89	37.6	14	

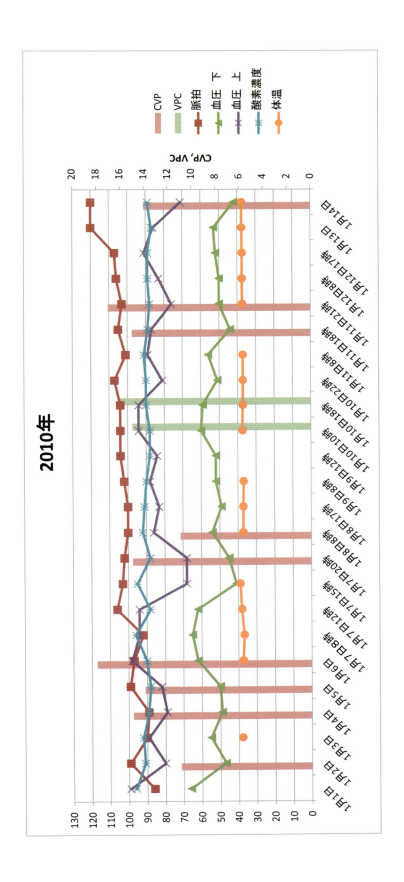

あ と が き

　姫路、甲府、東京と、多くの方々とふれ合い、そして育まれ、愛されて、暁子は35年の生涯を終えました。皆様、本当にお世話になりました。4年後の今、親として心から御礼申し上げます。

　発病について、お話しするゆとりもなく、皆様に大きい「?」を残したまま、先の見えない闘病の旅を、6年間2人で続けて参りました。暁子が逝って4年経った今、少しは「?」の答えになるかと、この本を出版いたします。

　2004年5月22日、未だかつて聞いたこともない病名「原発性肺高血圧症」を突然宣告されました。原因不明ゆえ治療方法も無く、ただ余命2～3年を数えるのみという難病。1年間は親子共々真っ暗闇でもがき苦しむばかりでした。国立循環器病センターを退院した後、親元での療養生活を嫌い、暁子は甲府へ戻りました。

　友人の多い甲府で、体力のある間3年ほど、気ままに1人で暮らしました。

　しかし、徐々に心機能が損なわれ、通常の体温調節のバランスが崩れて、夏は冷房が「寒すぎる」、冬は暖房が「暑い」と絶えず文句を言い、締め切った場所は空気が悪いと、外の新鮮な空気を求めました。胃腸もじわじわ弱っていき、私の倍くらい食べていたのに、半分も食べられないほど食が細ってゆきました。2007年秋、一人暮らしの限界を自ら認め、姫路へ帰って参りました。2009年年末、突然の肺出血、岡山大学ICUへ救急入院、ついに力尽きて、家へ帰りたいと言いつつ旅立ちました。

　本人の日記から一部を抜粋し、闘病の時系列に並べました。私自身、暁子の批判の矢面に立たされ、読み返す度心の痛みを覚えます。

　添付しましたデータ・注釈は医療についての門外漢が扱ったものゆえ限りなく不正確で、誤りも多々あるかと思います。専門家のご寛恕をいただきますよう、お願いいたします。

　最後になりましたが、国内の発症が年間1,000人を超えるとされる原発性肺高血圧症の患者の皆様に、暁子の症例が多少の参考となりますよう、この本を公にします。近い将来、ips細胞の研究の深化によって、この病気の原因が究明され、「余命数年」ではなく「救命」が可能となりますように。患者の皆様、どこまでも人間らしくご自身のQOLを大切に、療養生活をお過ごしください。

2014年

吉野　いく子

2009年12月　A子画　はなみずき

＜お世話になった病院と先生一覧＞

1．山梨県立中央病院　　　　　　　黄淳一先生、梅谷健先生、内藤先生、

2．だいとう循環器クリニック　　　大頭信義先生

3．兵庫県立姫路循環器病センター　鍛谷先生、熊谷先生、田頭先生

4．国立循環器病センター　　　　　中西宣文先生、京谷晋吾先生、
　　　　　　　　　　　　　　　　　関庚徳先生、二藤部先生

5．慶応義塾大学病院　　　　　　　佐藤徹先生

6．山梨国立病院　　　　　　　　　冨島裕先生

7．ふじ内科クリニック　　　　　　内藤いづみ先生

8．最上クリニック　　　　　　　　最上朗先生

9．岡山大学病院　　　　　　　　　上川滋先生、草野先生、幡先生

10．姫路赤十字病院　　　　　　　　中田先生

はざま
原発性肺高血圧症MEMO

2015年1月14日 発行
著者　吉野 いく子
発行所　㈲クリック
　　　　〒670-0012 兵庫県姫路市本町68
印刷・製本　村上旺文堂

ⒸIkuko Yoshino 2015, Printed in Japan
ISBN978-4-86584-002-5